Karin Hohmann

Trainingsprogramm zur Steigerung der Lesekompetenz

2. Klasse

Persen Verlag

Die Autorin

Karin Hohmann studierte Lehramt für die Grund- und Hauptschule. Sie verfügt über langjährige Erfahrungen als Grundschullehrerin, insbesondere in den Bereichen Deutsch und Legasthenie.

Gedruckt auf umweltbewusst gefertigtem, chlorfrei gebleichtem und alterungsbeständigem Papier. Nach den seit 2006 amtlich gültigen Regelungen der Rechtschreibung.

1. Auflage 2011
© Persen Verlag
AAP Lehrerfachverlage GmbH

Das Werk als Ganzes sowie in seinen Teilen unterliegt dem deutschen Urheberrecht. Der Erwerber des Werkes ist berechtigt, das Werk als Ganzes oder in seinen Teilen für den eigenen Gebrauch und den Einsatz im eigenen Unterricht zu nutzen. Downloads und Kopien dieser Seiten sind nur für den genannten Zweck gestattet, nicht jedoch für einen weiteren kommerziellen Gebrauch, für die Weiterleitung an Dritte oder für die Veröffentlichung im Internet oder in Intranets. Die Vervielfältigung, Bearbeitung, Verbreitung und jede Art der Verwertung außerhalb der Grenzen des Urheberrechtes bedürfen der vorherigen schriftlichen Zustimmung des Verlages.

Illustrationen: Joachim Kühn
Satz: Grafik-Design Joachim Kühn, joek.de

ISBN 978-3-8344-3561-3
www.persen.de

Inhaltsverzeichnis

Was bedeutet Lesekompetenz? 5

1 Antworten:
   Richtige Aussagen erkennen
Kinder haben Wünsche 6
Geburtstag 7
Freundschaft 8
3-Tage Training: Lieblingstiere 9
Lernkontrolle: Im Zoo 11

2 Bilder und Texte vergleichen
Wer hat gewonnen? 12
Das mache ich gern 13
Sechs Freunde 14
3-Tage-Training: Familenwippe 15
Lernkontrolle: Kinder sind verschieden 17

3 Bilder und Bildgeschichten verstehen
Vierlinge 18
Viele Füße 19
Verlorene Liebesmüh 20
Vater und Sohn 21
3-Tage-Training: Nestbau 22
Lernkontrolle: Autofahrer 24

4 Fehlwörter: Falsche Wörter finden
April! April! 25
Eine neue Eiszeit beginnt 26
In der Stadtbücherei 27
Madita kennt sich aus 28
3-Tage-Training: Meine fünf Sinne 29
Lernkontrolle: Das schmeckt! 30

5 Synonyme: Wörter mit
   ähnlicher Bedeutung erkennen
Märchenstunde 31
Petras Haustiere 32
Traurige Polizisten 33
3-Tage-Training: Texte neu gestalten . . 34
Lernkontrolle: Verschiedene Wörter
– ähnliche Bedeutung 35

6 Wesentliches und Nebensächliches:
   Informationen finden
Sportlich, sportlich 36
Besuch im Garten 37
Luisa geht ins Theater 38
Der Drache mit den roten Augen 39
3-Tage-Training: Das ist wichtig! 40
Lernkontrolle: Tiere brauchen Futter . . 41

7 Ordnen von Aussagen

Gute Reise 42
Der Tag beginnt 43
Wochenprogramm 44
Jenny ist neu 45
3-Tage-Training:
Punktspiel - Klettertour - Die gute Tat . 46
Lernkontrolle: Ein Kuchen für Oma . . . 47

8 Entscheidungen: Richtige und falsche Aussagen

Das ist ein Olchi 48
Ein verteufelt muffliger Morgen 49
Frieder hat einen kleinen Garten 50
King-Kong 51
4-Tage-Training: Lotta zieht aus 52
Lernkontrolle:
Jan-Arne hat ein Geheimnis 54

9 Tabellen: Informationen erkennen und eintragen

Drei Familien 55
Kinder mögen Tiere 56
Eis essen 57
Ein Fahrzeug für jeden 58
3-Tage-Training:
Blumen – Kinder – Stundenplan 59
Lernkontrolle: Schulfest 61

10 Zeichnungen: Texte zeichnerisch wiedergeben

Urlaubspost 62
Tischordnung 63
Gartenarbeit 64
3-Tage-Training: Sitzordnung 65
Lernkontrolle: Aufräumen 67

11 Formulierungen: Sätze bilden, Unterschiede erkennen

Wikinger 68
Manuel schreibt Unsinn 69
Informationen über Petra 70
Antonia hat ein Ziel 71
3-Tage-Training: Zuordnen -
antworten – neu formulieren 72
Lernkontrolle: Projekttage 73

Quellenverzeichnis 74

Was bedeutet Lesekompetenz?

Lesen ist viel mehr als das Dekodieren von Zeichen und das Erkennen von Wörtern. Lesen kann derjenige, der Informationen ermitteln kann, der Informationen textbezogen auswerten und verarbeiten kann und derjenige, der in der Lage ist, über das Gelesene zu reflektieren und es zu bewerten.

Es geht einerseits um die Nutzung textrelevanter Informationen und andererseits auch um das Heranziehen eigenen Wissens.

Dazu ist es wichtig, altersgemäße Texte auszuwählen, damit das Interesse bei den jungen Leserinnen und Lesern zu wecken und gleichzeitig neue Impulse für die Weiterentwicklung von Wissen und Lesekompetenz zu setzen.

Lesen kann das eigene Wissen erweitern, wenn Informationen richtig entnommen werden, Beziehungen richtig erkannt werden und zentrale Inhalte geprüft und bewertet werden können.

Informationen können in sehr unterschiedlicher Form gegeben sein. Ob als Text, als Bild mit Untertitel, als Tabelle oder in Stichworten, immer geht es darum, die Hauptaussage zu verstehen, zu entnehmen, sie zu bewerten und zu nutzen.

Voraussetzung ist immer, die Sprache sicher zu beherrschen, in der die Informationen gegeben werden.
Beim Erwerb von Lesekompetenz muss es deshalb auch darum gehen, genau zu lesen, den Wortschatz zu erweitern, Fachbegriffe zu erwerben, Klassifizierungen vorzunehmen, Zeitabläufe zu bewerten, formulieren zu können, Wichtiges und Unwichtiges zu unterscheiden und sich kritisch mit einem Text auseinanderzusetzen.

Zur Steigerung der Lesekompetenz bietet das Buch elf verschiedene Aufgabenbereiche an, die vom Einfachen zum Schweren gut strukturiert sind. Zu allen Bereichen gibt es Übungsseiten für mehrere Tage. Als Hausaufgabe oder im Rahmen von Wochenplänen können diese flexibel eingesetzt werden. Alle Bereiche können mit einer kleinen Lernkontrolle abgeschlossen werden.

Übungsschwerpunkte werden benannt, sodass abschließend mittels der Lernkontrolle auch eine Bewertung vorgenommen werden kann.

Altersgemäße Inhalte, klare Arbeitsanweisungen und die ansprechende Gestaltung motivieren zur Arbeit. Die Lösungen im Anhang erleichtern die Überprüfung der Lernergebnisse.

Kinder haben Wünsche

Anna wünscht sich ein rotes Fahrrad.

Pedro wünscht sich eine Reise nach Spanien.

Susi wünscht sich einen blauen Ball.

Anton wünscht sich einen kleinen Bruder.

Paula wünscht sich jeden Tag Sonnenschein.

Timo wünscht sich ein braunes Kaninchen.

1) Schreibe die Namen der Kinder unter das passende Bild.

2) Kreuze nur <u>richtige</u> Aussagesätze an.

○ Das Fahrrad soll rot sein.

○ Pedro möchte nach Italien reisen.

○ Susi wünscht sich einen Ball.

○ Antons Wunsch kann jeder erfüllen.

○ Paulas Wunsch kann nicht erfüllt werden.

○ Ein Kaninchen kann auch weiß aussehen.

Geburtstag

1. Heute wird Mona acht Jahre alt.

2. Auf dem Tisch stehen ein Kuchen und ein Blumenstrauß.

3. Mona zählt fünf Geschenke und eine Postkarte.

4. Mama und Papa singen ein Geburtstagslied.

5. Dann darf Mona die Geschenke auspacken.

6. Mama liest die Postkarte vor, sie ist von Tante Lisa.

1) Schreibe zu jedem Bild die Nummer des Satzes.

2) Kreuze die <u>richtigen</u> Aussagesätze an.

○ Mama hat Geburtstag.   ○ Mona wird acht Jahre alt.

○ Auf dem Tisch stehen Blumen.   ○ Die Blumen sind rot.

○ Mona packt ein Buch aus.   ○ Mona packt Geschenke aus.

○ Mona bekommt vier Geschenke.   ○ Mona bekommt eine Postkarte.

○ Papa singt ein Lied für Mona.   ○ Papa liest die Postkarte vor.

○ Die Karte ist von Tante Lina.   ○ Mama liest die Karte vor.

Ziel: Informationen erkennen und durch Bild- Satz- Zuordnung wiedergeben, Aussagen textbezogen bewerten

Freundschaft

Jakob will mit seinem Freund Lukas Fußball spielen.
Jakobs Freundin Julia darf auch mitspielen.
Anja will mit ihrer Freundin Jule die Pferde füttern.
Anjas Freund Jonas hat auch ein Pferd.
Max möchte in der Schule neben seinem Freund Tom sitzen.
Tina klingelt jeden Morgen bei ihrer Freundin Lilli.
Manchmal spielen alle Jungen und Mädchen zusammen.
Dann sind es ☐ Kinder.

1) Kreuze nur die richtigen Antworten an.

○ Jakob spielt gern Fußball.
○ Julia ist Jakobs Freundin.
○ Jule hat Angst vor Pferden.
○ Jonas ist Anjas Freund.
○ Jonas hat kein Pferd.
○ Max möchte neben Tina sitzen.
○ Max und Tom sind Freunde.
○ Lilli ist eine Freundin von Tina.
○ Die Kinder spielen immer zu zweit.
○ Die Kinder spielen auch mal alle zusammen.

2) Wie heißen die Kinder? Schreibe ihre Namen auf.

Mädchennamen	Jungennamen

Lieblingstiere

3-Tage-Training

Antworten: Richtige Aussagen erkennen

- Leseseite-

Mein Lieblingstier ist _____

Mein Haustier heißt Wuschel. Es ist flink und hat ganz kleine Ohren und kurze Beine. Es kann quieken. Das Fell ist braun, schwarz und weiß. Wuschel lebt in einem Käfig mit Sägespänen. Mein Haustier frisst gern Körner und Möhren. Es mag auch Löwenzahn und Äpfel. Jeden Tag braucht Wuschel frisches Wasser. Damit Wuschel nicht einsam ist, lebt es mit Stupsi zusammen.
Das ist das Haustier meiner Schwester. Regelmäßig reinigen wir den Stall.

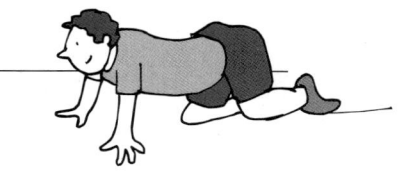

_____

Mein Lieblingstier ist _____

Mein Haustier ist ein Schmusetier, denn es sitzt gern auf meinem Schoß. Es hat ein schwarzes Fell und vier weiße Pfötchen. Es kann ganz leise schleichen. Gern schläft mein Tier auf der Fensterbank. Man kann es dann leise schnurren hören. Sein Name ist Mohrle. Im Sommer bringt Mohrle seine Beute mit ins Haus und spielt damit. Das mag Mama gar nicht gern.
Mohrle frisst Dosenfutter und Trockenfutter. Mohrle mag auch Milch, doch das ist nicht gesund, deshalb gebe ich ihm immer Wasser.

_____

Mein Lieblingstier ist _____

Ich wohne in einem Hochhaus. Von unserem Balkon kann ich bis zu meiner Schule gucken. Ich habe kein Haustier, denn das ist in unserem Haus verboten. Mein Lieblingstier wohnt im Zoo. Es ist groß und grau und hat eine ganz, ganz lange Nase. Doch eigentlich heißt sie nicht Nase. Im Urwald hat mein Lieblingstier als Waldarbeiter geholfen.

Ziel: Informationen erkennen und auswerten (Tiere benennen), textbezogen urteilen

Antworten: Richtige Aussagen erkennen

Lieblingstiere 3-Tage Training

- Arbeitsseite -

Kreuze alle richtigen Lösungen an und schreibe den Tiernamen über den Text.

Das Haustier ist
○ ein Hamster.   ○ ein Meerschweinchen.   ○ ein Kaninchen.

Die Tiere heißen
○ Wuschel und Stipsi.
○ Stupsi und Wuschel.
○ Wuschi und Stupsi.

Es frisst: ○ Körner und Möhren   ○ Gemüse und Salat.
○ Löwenzahn und Gras   ○ Löwenzahn und Äpfel.

Kreuze alle richtigen Lösungen an und schreibe den Tiernamen über den Text.

Das Haustier ist
○ ein Hund.   ○ ein Kater.   ○ ein Hase.

Das Tier hat   ○ weißes Fell und schwarze Pfötchen.
○ schwarzes Fell und weiße Pfötchen.

Es kann: ○ leise schleichen   ○ schwimmen   ○ fressen
○ schnurren   ○ jagen   ○ schlafen

Mama mag das Tier nicht.
○ richtig   ○ falsch   ○ steht nicht im Text

Kreuze alle richtigen Lösungen an und schreibe den Tiernamen über den Text.

Das Lieblingstier ist
○ kein Haustier.   ○ ein Esel.   ○ ein Elefant.

Das Kind wohnt ○ im Zoo ○ in der Schule ○ im Hochhaus.
Die lange Nase ist ○ eine Schnauze ○ ein Rüssel.
Als Waldarbeiter kann das Tier
○ Baumstämme tragen.   ○ Bäume absägen.   ○ Menschen tragen.

Im Zoo

Lernkontrolle

In den Sommerferien besuchten Leon und Lara den Zoo in Hamburg. Sie waren mit Oma und Opa den ganzen Tag dort. Leon hat die Elefanten mit Brot gefüttert. Er hat die Ziegen gestreichelt und die Riesen-Schildkröten genau beobachtet. Lara gefielen die Tiger und die Löwen. Sie lagen faul in der Sonne. Lara hatte viel Spaß im großen Orang-Utan-Haus. Hier kann man die Menschenaffen beobachten. Sie schaukeln an Tauen, sie toben und spielen. Bei den Giraffen waren Leon und Lara, als sie gefüttert wurden. Das Futter hing in Körben in den Bäumen. Auf dem großen Spielplatz haben Leon und Lara auch getobt. Das war ein erlebnisreicher Ferientag.

1) Unterstreiche jede Tierart. Wie viele sind es? _____   ___ / 7

2) Kreuze <u>alle</u> richtigen Antworten an.   ___ / 6

○ Leon und Lara wohnen in Hamburg.
○ Die Kinder waren mit Oma und Opa im Zoo.
○ Leon hat die Ziegen gefüttert.
○ Die Orang-Utans lagen faul in der Sonne.
○ Die Kinder haben bei der Giraffen-Fütterung zugesehen.
○ Die Kinder waren auf dem Spielplatz.

3) Entscheide. Kreuze an.   ___ / 2

Leon hat die Riesen-Schildkröten genau beobachtet.

○ ja   ○ nein   ○ steht nicht im Text

Die Tiger und die Löwen schliefen in der Sonne.

○ ja   ○ nein   ○ steht nicht im Text

Du hast _____ von 15 Punkten

Wer hat gewonnen?

Soeben ging der große Judo-Wettkampf zu Ende.
Sieger ist Linus.
Seine schwarzen Haare sehen ganz struppig aus.
Der Gürtel sitzt immer noch perfekt.
Stolz winkt Linus mit der rechten Hand.
Barfuß stürmt er über die Matte und will seinen Trainer umarmen.
Linus freut sich und lacht über das ganze Gesicht.

Wer ist Sieger? Male den Anzug gelb an.

Bilder und Texte vergleichen

Das mache ich gern

Die Kinder aus der Klasse 2a erzählen, was sie gern tun:

Susi mag sich gern verkleiden.

Pedro geht gern mit Oma einkaufen.

Leon liest am liebsten Bücher über Hunde.

Lina geht jeden Montag zur Jugendfeuerwehr.

Anton spielt in jeder freien Minute Fußball.

Alina malt gern, besonders gern mit Kreide.

Toni singt im Kinderchor.

Sandra spielt gern mit ihrer kleinen Schwester.

Tabea kümmert sich immer gut um ihren kleinen Hasen.

Wie heißen die Kinder? Schreibe die Namen auf.

Ziel: Textinformation im Bild wiedererkennen (Namen zuordnen)

Sechs Freunde

Die Mädchen heißen Laura, Marie und Julia.
Die Jungen heißen Oskar, Carlo und Ingo.
Ingo ist der kleinste.
Er trägt eine Brille.
Laura hat ein langes Kleid an.
Sie hat eine Perlenkette um den Hals.
Mit der rechten Hand fasst sie Oskar an.
Oskar hat eine Feder am Hut.
Marie steht zwischen Laura und Ingo.
Sie hat eine Schleife in den Haaren.
Rechts und links außen stehen Julia und Carlo.
Carlo hat einen Teddybären in der rechten Hand.
Julia hat am linken Arm eine Uhr.

Schreibe zu jedem Kind den Namen. Male, was fehlt.

Bilder und Texte vergleichen

Familenwippe

3-Tage-Training

Lies genau und male an.

Die Wippe steht auf grünem Rasen.

Der Balken ist gelb und der untere Teil ist rot.

Male die Haare der Personen von links nach rechts in folgenden Farben an:

braun – schwarz – braun – gelb – rot –gelb – grau – grau – braun.

Links auf der Wippe sitzen Mama und Papa mit Tom und Ina.

Papa hat einen grünen Pulli und eine braune Hose an.

Mama trägt einen roten Pulli und eine blaue Hose.

Das Mädchen trägt ein gelbes Kleid.

Der Junge hat ein weißes Hemd und eine schwarze Hose an.

Alle vier tragen schwarze Schuhe.

Familenwippe

3-Tage-Training

Bilder und Texte vergleichen

Lies genau und male an.

Auf der rechten Seite der Wippe sitzt Oma vor Opa.
Oma hat einen blauen Pulli, eine grüne Hose und rote Schuhe an.
Opas Hemd ist orange, seine Hose und die Schuhe sind braun.
Hinter Opa sitzt Tante Sonja im lila Kleid.
Sie trägt eine weiße Strumpfhose und schwarze Schuhe.
Hinter Lilli sitzt Peter, beide tragen orange Jacken und blaue Hosen.
Sie haben grüne Turnschuhe an.

**1) Gib jedem - von links nach rechts - eine Nummer.
Schreibe zuerst die Namen auf.**

1. _____ Alter: _____
2. _____ Alter: _____
3. _____ Alter: _____
4. _____ Alter: _____
5. _____ Alter: _____
6. _____ Alter: _____
7. _____ Alter: _____
8. _____ Alter: _____
9. _____ Alter: _____

2) Trage nun oben bei jedem ein, wie alt er ist.

Papa ist 32 Jahre alt.
Mama ist 3 Jahre jünger als Papa.
Ina und Tom sind Zwillinge, zusammen sind sie 10 Jahre alt.
Oma ist 65 Jahre alt, Opa wird bald 70 Jahre alt.
Tante Sophie ist genauso alt wie Papa.
Lilli ist 8 Jahre alt und Tom ist 2 Jahre älter.

Bilder und Texte vergleichen

Kinder sind verschieden

Lernkontrolle

1) Wie heißen die Kinder? Schreibe die Namen unter die Bilder.

Ein Junge heißt Tanju. Er kommt aus China.

Ein Mädchen heißt Marie-Luise. Sie hat lange Haare.

Pedro spielt am liebsten Fußball.

Sein Freund Mario ist ein guter Handballer.

Anna ist Naturfreundin. Sie ist bei jedem Wetter draußen.

___/5

2) Male nach Anweisung.

Tanjus Hut ist gelb.

Pedro trägt ein blaues Trikot.

Marie-Luise hat rote Sandalen an.

Marios Handball ist orange.

Die Gummistiefel von Anna sind blau.

___/5

3) Entscheide. Richtig, falsch oder unbekannt?

	😊	☹	❓
Tanju hat einen Ball.			
Marie-Luise trägt ein Kleid.			
Pedro ist acht Jahre alt.			
Anna bleibt bei Regenwetter immer zu Hause.			
Mario wirft mit der rechten Hand.			

___/5

Du erreichst ____ von 15 Punkten.

Ziel: Textinformation und Bild in Beziehung setzen (Namen zuordnen), Textinformationen ins Bild übertragen (nach Anweisung malen), Text- und Bildaussage vergleichen und bewerten (richtig, falsch, unbekannt)

Vierlinge

Das sind die Vierlinge von Familie Schröder.

1) Schreibe zu jedem Bild den Namen der Kinder.

Sina kneift beide Augen zu. Tilo lacht über das ganze Gesicht.
Nino kneift ein Auge zu. Rino grinst mit geschlossenem Mund.

2) Zu welchem Bild passt der Satz am besten?
   Schreibe hinter jedem Satz die Bildnummer auf.

„Höre gut zu, ich will dir etwas erklären." Bild _____

„Ich freue mich." Bild _____

„Lass mich mal nachdenken." Bild _____

„Mir qualmt der Kopf vor lauter Nachdenken." Bild _____

3) Kreise das Bild ein, das in Wirklichkeit nicht so aussehen kann.

4) Vier kleine Geschichten – zu welchem Bild passen sie am besten?
   Schreibe die Namen der Kinder auf.

| _____ sitzt am Schreibtisch und denkt: „Oh je, ist das eine schwere Aufgabe, mir qualmt schon der Kopf vor lauter Nachdenken." | _____ will seinem Freund helfen. Er hebt den Finger und sagt: „Ich weiß, wie du dein Fahrrad reparieren kannst. Pass auf, ich erkläre es dir." | „Wenn ich mit dem Hund meiner Oma spazieren gehen darf, dann freue ich mich immer sehr", lacht _____ . | _____ fasst sich ans Kinn und meint: „Ich weiß nicht genau, welche Hausaufgaben wir machen sollen." |

18 Ziel: Bildliche Informationen verstehen, Bildaussage einer Textaussage zuordnen, bildliche und sprachliche Informationen zuordnen (bildliche Gestik und Mimik sprachlich unterscheiden), Sprache im übertragenen Sinne verstehen und erkennen (Bild einkreisen)

Bilder und Bildgeschichten verstehen

Viele Füße

1) Betrachte das Bild und entscheide, ob der Satz zum Bild passt oder nicht. Kreuze an.

	☺	☹
Das ist eine kleine Raupe.		
Das ist ein kleiner Regenwurm.		
Das kleine Tier trägt eine Mütze und hat zwei Fühler.		
Die Raupe kann häkeln.		
Die Raupe kann Strümpfe stricken.		
Das kleine Tier hat 8 Beine.		
Die Raupe hat 16 Beine.		
Es sind schon 7 Strümpfe fertig.		
Sie muss einen Strumpf beenden und 8 weitere stricken.		
Die Raupe sieht fröhlich aus.		

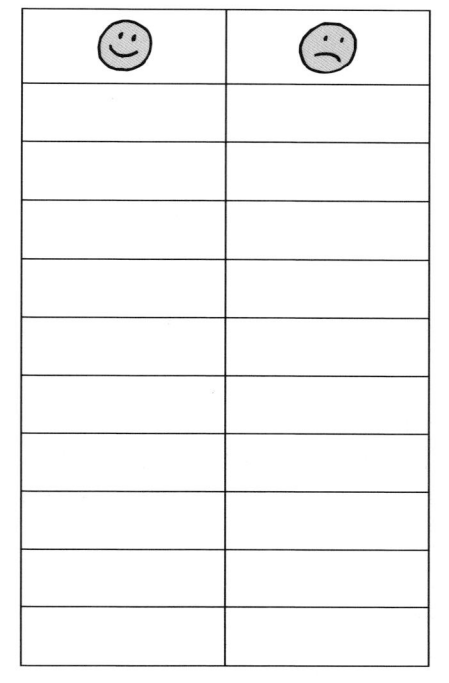

2) Schreibe alle passenden Sätze in dein Heft.

**3) Überlege, ob die Aussage richtig oder falsch ist.
Schreibe: Richtig: R   Falsch: F**

In Wirklichkeit kann eine Raupe nicht stricken. ____

Strümpfe kann man stricken. ____

Immer zwei Strümpfe gehören zusammen. ____

Raupen haben mehr als zwei Beine. ____

Raupen haben keine Arme. ____

Raupen tragen Mützen. ____

Wollstrümpfe halten die Füße warm. ____

Ziel: Bildliche Informationen erkennen, Bild- und Textaussagen bewerten, einfache Schlussfolgerungen ziehen (Anzahlen bestimmen), bildliche Informationen auf ihren Realitätsbezug überprüfen (richtig oder falsch)

Verlorene Liebesmüh

**1) Das Bild heißt: Verlorene Liebesmüh.
Was ist damit gemeint? Kreuze an.**

○ Jemand hat seine Liebe verloren.
○ Jemand liebt die Mühe.
○ Jemand hat etwas verloren und sucht es.
○ Jemand hat sich Mühe gegeben,
   doch die Arbeit hat sich nicht gelohnt.

2) Nur fünf Sätze passen zum Bild. Kreuze an.

○ Es ist Winter und es hat geregnet.
○ Es ist Winter und es hat geschneit.
○ Mit Schneeschieber und Besen säubert Herr Weber den Gehweg.
○ Herr Schröder ist mit seinem Schneepflug unterwegs.
○ Mit dem Schneepflug schiebt er die Straße und den Gehweg frei.
○ Der Schneepflug verschmutzt den gut geräumten Gehweg.
○ Herr Weber wird sich freuen, gleich ist er fertig.
○ Herr Weber wird sich ärgern, gleich kann er von vorne anfangen.

3) Schreibe die passenden Sätze in dein Heft.

4) Wer denkt was? Ordne die Gedanken den beiden Männern zu.

- Oh je, der wird schimpfen.
- Gleich ist der Gehweg sauber.
- Diese Fahrspur ist wieder schneefrei.
- Oh nein, meine ganze Arbeit war umsonst.
- Vor meiner Haustür soll niemand ausrutschen.  
- Das ist Pech, ich mache auch nur meine Arbeit.

Vater und Sohn

1) Finde eine Überschrift für diese Geschichte. Kreuze an.

○ Der Schlitten ○ Vögel im Winter ○ Der Vogelhaus-Schlitten

2) Nummeriere die Sätze, sodass sie zur Bildfolge passen.

○ Nun ist aus dem Schlitten ein überdachtes Vogelhäuschen geworden.

○ Vater und Sohn bauen einen Schlitten.

○ Vater nimmt die Säge und baut etwas Neues.

○ Rums, sie stürzen und der Schlitten zerbricht.

○ Wütend und enttäuscht tragen Vater und Sohn alle Bruchstücke nach Hause.

○ Auf dem Rodelberg legt Vater sich mit dem Bauch auf den Schlitten und der Sohn setzt sich auf Vaters Rücken.

3) Schreibe die Geschichte in dein Heft und setze an der richtigen Stelle ein, was Vater und Sohn sagen.

Der Sohn lacht: „So ein Vogelhäuschen hat nicht jeder."
Der Vater schimpft: „Ich fahre nie wieder Schlitten."

Bilder und Bildgeschichten verstehen

Nestbau

3-Tage-Training

1) Zu jedem Bild gehören zwei Sätze. Nummeriere von 1 bis 8.

○ Ein Vogelpaar sammelte Zweige für den Nestbau.
○ Als die Vogelmutter brütete, brach es auseinander und die Eier fielen zu Boden.
① Es war ein kühler Frühlingstag.
○ Er klaute einem Spaziergänger den Hut vom Kopf.
○ Bald klemmte der Hut in einer Astgabel.
○ Die Vogelmutter setzte sich ins Hutnest und brütete.
○ Der Vogelvater baute das Nest dieses Mal besser.
○ Doch das Nest wurde nicht stabil genug.

2) Schreibe die Geschichte in dein Heft.

---

1) Wer sagt was?
   Ordne die Sprechblasen zu und schreibe die Sätze wie im Beispiel auf.

- Womit soll ich ein neues Nest bauen?
- Halt, das ist mein Hut.
- Ich baue für uns ein Hutnest.
- Wir brauchen ein stabileres Nest.
- Dieses Hutnest ist sehr gelungen.
- Wofür braucht ein Vogel einen Hut?

Die Vogelmutter zwitscherte: „...."   Der Mann schimpfte: „..."
Der Vogelvater dachte: „..."   Die Vogelmutter forderte: „..."
Der Vogelvater überlegte: „..."   Der Mann fragte: „..."

Beispiel: Die Vogelmutter zwitscherte: „Dieses Nest bauen wir fertig."

Ziel: Handlungsablauf in bildlichen Informationen erkennen, bildbezogenes Interpretieren, einfache Schlussfolgerungen ziehen, Text- und Bildaussagen vergleichen und zuordnen

Bilder und Bildgeschichten verstehen

2) Betrachte die Bildergeschichte und bewerte die Aussagen mit richtig oder falsch.

	☺	☹
Drei Vögel bauen gemeinsam ein Nest.		
Das Nest auf Bild 1 sieht kaputt aus.		
Vier Vogeleier fallen zu Boden.		
Zwei Vögel sammeln zusammen Futter.		
Ein Mann mit Hut wird von einem Vogel beklaut.		
Der Vogel hat einen Hut im Schnabel.		
Ein Vogel sitzt im Hut und brütet.		
Der Mann bekommt seinen Hut nicht zurück.		

3) Schreibe alle richtigen Aussagen in dein Heft.

---

1) Betrachte die Bilder genau, die Sätze stimmen nicht.

Drei Vögel bauen ein Nest.
Ein Vogel will brüten, doch die beiden Küken fallen durch ein Loch aus dem Nest.
Ein Vogel klaut einer Frau den Hut und fliegt davon.
Die Frau schimpft und ärgert sich.
Der Hut ist nun zum Nest geworden.
Ein Vogel brütet, zwei Vögel sammeln Futter.

2) Unterstreiche die falschen Wörter und schreibe passende Sätze in dein Heft.
   Achtung, ein Satz muss nicht verändert werden.
   Die Lösungen im Kasten helfen dir.

> Lösungshilfe: Eier, der Mann, einem Mann, ein Vogel sammelt, zwei

Ziel: Handlungsablauf in bildlichen Informationen erkennen, bildbezogenes Interpretieren, einfache Schlussfolgerungen ziehen, Text- und Bildaussagen vergleichen und zuordnen

Autofahrer

Lernkontrolle

1) Kreuze an, ob die Aussagesätze zu den Bildern passen oder nicht. ___/ 8

	😊	☹
Mutter und Sohn sind mit dem Auto unterwegs.		
Der Vater fährt auch mit.		
Der Sohn sitzt am Steuer und lacht.		
Die Mutter sieht ängstlich aus.		
Der Sohn lenkt das Auto auf der Straße.		
Sie fahren in einem Kinderkarussell.		
Der Sohn sitzt am Steuer, doch lenken kann er hier nicht.		
Das Karussell fährt immer im Kreis.		

2) Wer könnte das sagen? Schreibe Mutter oder Sohn auf die Linien. ___/ 5

_____: Wir machen einen Ausflug.

_____: Wohin fahren wir?

_____: Ich möchte gern hinter dem Steuer sitzen.

_____: Dieses Auto darfst du schon mit sechs Jahren lenken.

_____: Nun kannst du noch einmal ohne mich Karussell fahren.

3) Zwei Überschriften passen für <u>diese</u> Bildergeschichte besonders gut. Kreuze an.

○ Autofahren für Kinder ○ Auto mit Anhänger

○ Mutter und Sohn ○ Fahrerlaubnis mit sechs

Du hast _____ von 15 Punkten erreicht.

Fehlwörter: Falsche Wörter finden

April! April!

1) Lies die Sätze und unterstreiche das falsche Verb (Tuwort).

Ich pflanze die Vögel.
Ich höre eine warme Jacke.
Ich trage grüne Blätter.
Ich pflücke den kalten Wind.
Ich spüre die ersten Stiefmütterchen.

2) Setze die Verben nun so ein, dass passende Sätze entstehen.

Im April

Ich _____ die Vögel.

Ich _____ eine warme Jacke.

Ich _____ grüne Blätter.

Ich _____ den kalten Wind.

Ich _____ die ersten Stiefmütterchen.

3) Wie muss es richtig heißen? Streiche das falsche Wort durch.

Der Frühling ist sind da

Die Vögel kauen bauen Nester.
Sie sammeln summen Moos und Blätter.
Das Nest muss reich weich sein.
Die Vogelmutter legt fegt die Eier hinein.
Die Sonne wacht lacht am Himmel.
Kinder loben toben wieder im Garten.
Der Frühling vertreibt verbleibt den Winter.

4) Schreibe die richtigen Sätze in dein Heft.

Fehlwörter: Falsche Wörter finden

Eine neue Eiszeit beginnt

1) Lies den Text zuerst genau.

Eine neue Eiszeit beginnt

Am 21. März fängt der Winter an.
Der Mond scheint immer wärmer.
In den Häusern fängt es an zu blühen.
Die ersten Schneeglöckchen stecken ihre Füße aus der Erde.
Die Katzen bauen Nester.
Die Igel sind aus dem Sommerschlaf erwacht.

2) In jedem Satz steht ein falsches Nomen (Namenwort). Unterstreiche.

3) Setze die Nomen so ein, dass passende Sätze entstehen.
Die Wörter im Kasten helfen dir.

| Sonne – Jahreszeit – Winterschlaf – Frühling – Gärten – Köpfe – Vögel |

Eine neue _____ beginnt

Am 21. März fängt der _____ an.

Die _____ scheint immer wärmer.

In den _____ fängt es an zu blühen.

Die ersten Schneeglöckchen stecken ihre _____ aus der Erde.

Die _____ bauen Nester.

Die Igel sind aus dem _____ erwacht.

4) Schreibe den Text in dein Heft.

Ziel: Sprache prüfen und bewerten, Sachzusammenhänge herstellen, Textaussagen erschließen und durch Auffinden und Ersetzen falscher Nomen richtige Satzaussagen erzeugen

Fehlwörter: Falsche Wörter finden

In der Stadtbücherei

1) Lies den Text zuerst genau.

In der Bücherei gibt es keine Bücher.

In den Regalen ist nichts sortiert.

Wer etwas sucht, soll es langsam finden.

Wer etwas ausleihen möchte, verschenkt seinen Leihausweis.

Wer Hilfe braucht, malt die Mitarbeiter der Bücherei.

Oft haben Bäckereien auch Leseecken.

Hier kannst du unbequem sitzen und in Ruhe lesen.

Wer lesen kann und gern liest, kann wenig Neues entdecken.

2) In jedem Satz steht ein falsches Wort. Unterstreiche.

3) Setze nun passende Wörter ein.
Wenn du nicht weiterkommst, helfen dir die Wörter im Kasten.

In der Stadtbücherei

In der Bücherei gibt es _____ Bücher.

In den Regalen ist _____ sortiert.

Wer etwas sucht, soll es _____ finden.

Wer etwas ausleihen möchte, _____ seinen Leihausweis.

Wer Hilfe braucht, _____ die Mitarbeiter der Bücherei.

Oft haben _____ auch Leseecken.

Hier kannst du _____ sitzen und in Ruhe lesen.

Wer lesen kann und gern liest, kann _____ Neues entdecken.

Büchereien - fragt - viele - alles – schnell – zeigt – bequem - viel

---

Ziel: Sprache prüfen und bewerten, Sachzusammenhänge herstellen, Textaussagen erschließen und durch Auffinden und Ersetzen falscher Wörter richtige Satzaussagen erzeugen

Madita kennt sich aus

1) Lies den Text zuerst genau.

Madita hat einen kleinen Mund bekommen. Er kann laut bellen und schnell kaufen. Ein Maustier macht viel Arbeit. Madita muss schlecht Bescheid wissen, wie ein Mund gepflegt wird. Sie hat im Tuch gelesen, was er raucht. Er frisst Vogelfutter und trinkt Saft. Er muss auch einen Schlafsack haben.

2) Unterstreiche nun die falschen Wörter.

3) Schreibe auf, wie die Wörter richtig heißen müssten.

1. _____   2. _____

3. _____   4. _____

5. _____   6. _____

7. _____   8. _____

9. _____   10. _____

4) Schreibe den richtigen Text in dein Heft.

Fehlwörter: Falsche Wörter finden

Meine fünf Sinne

3-Tage-Training

1) Lies den Text genau.

Mit den Augen kann ich fühlen. Ich fühle die rote Ampel.
Mit den Händen kann ich riechen. Ich rieche den spitzen Stein.
Mit den Ohren kann ich schmecken. Ich schmecke die laute Musik.
Mit der Zunge kann ich hören. Ich höre das süße Eis.
Mit der Nase kann ich sehen. Ich sehe die frische Seife.

2) Unterstreiche die falschen Verben. Schreibe alle Sätze richtig auf.

Das kann mein Körper

Meine Zähne können denken. Ich _____ in den Apfel.

Meine Beine können winken. Ich _____ über den Zaun.

Meine Hände können knurren. Ich _____ dir zu.

Mein Magen kann springen. Er _____ vor Hunger.

Mein Kopf kann beißen. Ich _____ an die Ferien.

Unterstreiche die falschen Verben und setze passende Verben in die Lücken ein. Schreibe alle Sätze richtig auf.

Vom Schmecken

Der Apfel schmeckt bitter.
Die Zitrone schmeckt salzig.
Die Bohnensuppe schmeckt süß.
Die Medizin schmeckt sauer.

> der Käse, die Schokolade,
> der Essig, die Salami, die Gurke,
> die Pampelmuse, das Eis,
> die alte Nuss

**Unterstreiche die falschen Nomen.
Wie schmeckt was? Bilde 12 richtige Sätze.**

Ziel: Aussagen kritisch prüfen durch Abgleichen mit eigenem Sachwissen, richtige Satzaussagen erzeugen

Das schmeckt!

Lernkontrolle

1) Unterstreiche in jedem Satz das falsche Wort.

1. Adrian mäht gern Pizza mit Käse.

2. Opa isst gern Würstchen mit Sahne.

3. Mama hackt oft Kuchen mit Rosinen.

4. Selina belegt ihr Schulbrot mit Salat und Durst.

5. Ihre Freundin hat immer eine Tasche mit Apfelsaft dabei.

6. Papa geht jeden Mond in der Kantine essen.

7. In vielen Schulen kann man ein Essen klauen.

8. Viel zu winken ist für den Körper wichtig. (___/8)

2) Schreibe für jeden Satz ein neues Wort auf, um das falsche zu ersetzen. Schlage die Rechtschreibung im Wörterbuch nach.

1. _____   5. _____

2. _____   6. _____

3. _____   7. _____

4. _____   8. _____

(__/8)

Du hast _____ von 16 Punkten erreicht.

Synonyme: Wörter mit ähnlicher Bedeutung erkennen

Märchenstunde

1) Verbinde Wörter mit ähnlicher Bedeutung.

nett
schön
arbeiten
am Ende
befreien
erzählen

hübsch
freundlich
zum Schluss
schuften
berichten
erlösen

2) Lies den Text und unterstreiche in jedem Satz ein Wort aus der linken Spalte.

Märchenstunde

Märchen erzählen oft von lieben und von bösen Menschen.

Es gibt Märchen mit schönen und hässlichen Prinzessinnen.

Manchmal arbeiten arme Kinder für Erwachsene.

Hexen, Zwerge und Zauberer können nett oder gemein sein.

Oft kommt ein Prinz und befreit eine Prinzessin.

Am Ende wird fast immer das Böse besiegt.

3) Verändere den Text nun mit den Wörtern aus der rechten Spalte. Schreibe im Heft.

Märchenstunde

Märchen <u>berichten</u> oft von…

Ziel: Sprache prüfen und Wörter mit ähnlicher Bedeutung zuordnen, Text mit Synonymen neu schreiben

Synonyme: Wörter mit ähnlicher Bedeutung erkennen

Petras Haustiere

1) Verbinde Wörter mit ähnlicher Bedeutung.

einige		winzig
klein		mehrere
laufen		schlafen
übernachten		rennen
beide		hausen
wohnen		riesig
lieben		zwei
groß		exakt
genau		mögen

2) Lies den Text und unterstreiche die Wörter aus der linken Spalte im Text.

Petra hat einige Haustiere.

Ein kleiner Hamster läuft gern in seinem Hamsterrad.

Ein großer Hund übernachtet im Flur.

Die beiden Meerschweinchen wohnen in einem Stall.

Petras Katze liebt den Platz auf der Fensterbank.

Wie viele Tiere hat Petra? Richtig, es sind genau ☐ Tiere.

3) Verändere den Text nun mit den Wörtern aus der rechten Spalte. Schreibe im Heft.

Petra hat <u>mehrere</u> Haustiere.

Synonyme: Wörter mit ähnlicher Bedeutung erkennen

Traurige Polizisten

**1) Lies die Texte. Sie sind sehr ähnlich.
Unterstreiche die Wörter mit fast gleicher Bedeutung.**

Text 1: Traurige Polizisten
Zwei Polizisten stehen weinend am Straßenrand. Endlich geht eine Frau zu ihnen und fragt: „Warum weinen Sie denn?" Da jammert der eine: „Unser Hund Bello ist davongelaufen". Nun meint die Dame: „Er wird sicher wieder nach Hause finden." Sofort antwortet der Polizist: „Aber wir nicht …"

Text 2: Traurige Polizisten
Zwei Polizisten stehen schluchzend am Straßenrand. Schließlich geht eine Frau zu ihnen und fragt: „Warum heulen Sie denn?" Da schluchzt der eine: „Unser Hund Bello ist davongelaufen". Jetzt meint die Dame: „Er wird bestimmt wieder nach Hause finden." Gleich antwortet der Polizist: „Aber wir nicht …"

2) Schreibe die Wörter paarweise auf.

Text 1
1._____
2._____
3._____
4._____
5._____
6._____
7._____

Text 2
1._____
2._____
3._____
4._____
5._____
6._____
7._____

3) Und worin liegt der Witz? Erkläre.

_____
_____

Ziel: Sprache prüfen und für ähnliche Aussagen verschiedene Ausdrücke kennzeichnen und gegenüberstellen, Textaussage realitätsbezogen bewerten

Texte neu gestalten

Synonyme: Wörter mit ähnlicher Bedeutung erkennen

1) Lies den Text.

> weich – Talisman – stets – steckt – meint – brav und ruhig

Ole hat einen kuscheligen Teddy.
Das ist Oles Glücksbringer.
Ole hat ihn immer dabei.
Er packt seinen Teddy auch in den Schulranzen.
Oles Lehrerin sagt:
„Wenn der Teddy lieb und leise ist, darf er mit in die Schule."

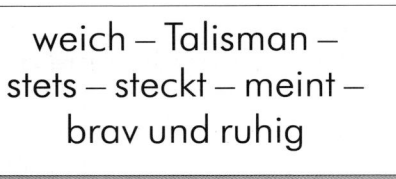

**2) Im Text stehen Wörter, die eine ähnliche Bedeutung haben wie die Wörter im Kasten.
Unterstreiche sie im Text. Schreibe den neuen Text in dein Heft.**

---

1) Lies den Text.

Miriam hat eine schöne Kette.
An einem Lederband hängt ein Edelstein.
Er leuchtet in der Sonne.
Miriam nimmt die Kette fast nie ab.
Nur beim Sport ist das Tragen von Schmuck nicht erlaubt.

> hübsche - besitzt - Schmuckstein - baumelt - glänzt – selten - verboten

**2) Unterstreiche im Text die Wörter mit ähnlicher Bedeutung.
Schreibe den neuen Text in dein Heft.**

Schietwetter

<u>Oma</u> und <u>Opa</u> wohnen in Norddeutschland.
Dort <u>sprechen</u> die Menschen an der Küste Plattdeutsch.
Silke kennt einige Wörter und <u>spricht</u> sie gern.
Einen Ausdruck mag Silke besonders gern.
Wenn es regnet, <u>meckert</u> Opa: „So ein <u>Schietwetter</u>."

**Finde ähnliche Begriffe für die unterstrichenen Wörter.
Schreibe sie ins Heft.**

Verschiedene Wörter – ähnliche Bedeutung Lernkontrolle

1) Verbinde die Wörter, die eine ähnliche Bedeutung haben.

am Anfang   plötzlich

auf einmal   zuerst

danach   gleich

sofort   anschließend

stets   nun

jetzt   immer   (___ / 6)

2) Finde die Wörter mit ähnlicher Bedeutung im Text. Unterstreiche sie.

> aber - gruselig - keiner - komische - Winkeln - Geister

Es gibt keine Gespenster in dieser Scheune.

Doch Julian und Sofia wollen das nicht glauben.

Alles sieht so unheimlich aus.

In allen Ecken hängen Spinnengewebe.   (___ / 6)

Niemand ist zu sehen.

Plötzlich kommen vom Dachboden merkwürdige Geräusche.

3) Finde einen ähnlichen Begriff für die unterstrichenen Wörter. Schreibe.

Dort oben <u>nisten</u> Eulen. _____

Julian und Sofia <u>steigen</u> die Leiter hinauf. _____ (___ / 2)

Du erreichst ____ von 14 Punkten

Ziel: Sprache prüfen und Synonyme zuordnen, Synonyme finden, Synonyme nach Vorgabe kennzeichnen, Aussagesätze durch Synonyme verändern

Wesentliches und Nebensächliches: Informationen finden

Sportlich, sportlich

1) Lies den Text genau.

Sportlich, sportlich.

Marina ist sechs Jahre alt und spielt Fußball.

Johannes hat kurze blonde Haare und trainiert im Handballverein.

Fatima hat drei kleine Geschwister und reitet.

Abdul schwimmt und kümmert sich um seinen Hund.

Luca ist schon 12 Jahre alt und begeisterter Basketballspieler.

Britta mag gern mit ihrem Vater Tennis spielen.

**2) Die Kinder betreiben alle eine Sportart.
Die Sätze sollen nur diese Aussage enthalten.
Streiche alle überflüssigen Wörter durch.**

Beispiel: Toni ~~liebt die Natur und~~ fährt ~~täglich~~ Fahrrad.

3) Schreibe nun die gekürzten Sätze auf.

Toni fährt Fahrrad.

_____

_____

_____

_____

_____

36 Ziel: Text genau lesen, bestimmte Informationen heraussuchen (Sportarten), reduzierte Satzaussagen notieren

Besuch im Garten

Leonie und Karla spielen im Garten. Sie schaukeln, sie graben in der Sandkiste und sie spielen Verstecken. Plötzlich raschelt es unter der Hecke. Als die Kinder genau hinsehen, entdecken sie ein Tier. Das Tier hat runde schwarze Augen. Die Kinder sind ganz leise und beobachten es. Die Nase ist spitz. Leonie beugt sich etwas nach vorn. Nun kann sie besser gucken. Es sieht aus wie eine stachelige Kugel. Plötzlich kommt Mama in den Garten. Schnell richtet sich der kleine Gartenbewohner auf. Die Stacheln sind gelb-braun. Schwups ist er weg und nicht mehr zu sehen. Er hat kurze Beine und kann schnell laufen.

1) Unterstreiche mit grün die Sätze, die Informationen über das Tier enthalten.

2) Schreibe die Sätze, die Informationen enthalten, in dein Heft.

3) Welches Tier beobachten die Kinder?

Sie beobachten _____

4) Wie sollte sich jemand verhalten, der Tiere beobachten will? Schreibe den passenden Satz aus dem Text auf.

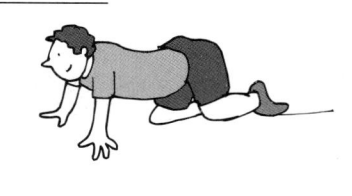

_____

_____

5) Was möchtest du noch über das Tier wissen? Schreibe 3 Fragen auf.

_____

_____

_____

_____

Luisa geht ins Theater

Am Sonntag hat Familie Schröder ein Kindertheater besucht.
Mama und Papa wollten Luisa mit einem Märchen überraschen.
Das Märchen handelte von einer Hexe und zwei Kindern.
Als der Vorhang aufging, klatschten alle Zuschauer.
Auf der Bühne waren ein Wald zu sehen und ein altes Haus.
Die Kinder hatten sich im Wald verirrt.
Luisa kannte das Märchen, weil Oma ein Märchenbuch hat.
Die böse Hexe wollte den Jungen braten.
Das fand Luisa unheimlich.
Doch die Schwester konnte den Jungen befreien.
Am Ende waren die Kinder reich und glücklich.

1) Unterstreiche die fünf Sätze, die etwas über den Inhalt des Märchens erzählen.

2) Schreibe die Sätze in dein Heft.

3) Welches Märchen könnte das sein?

○ Das weiß ich nicht..

○ Es heißt _____.

4) Luisa kennt das Märchen, denn...

○ ... sie war schon einmal im Theater.
○ ... Mama hat es ihr vorgelesen.
○ ... Papa hat ihr ein Märchenbuch geschenkt.
○ ... Oma besitzt ein Märchenbuch.

5) Kreuze an, was du aus dem Text erfährst.

○ Die Eltern wollten Luisa überraschen.
○ Luisa hat sich sehr gefreut.
○ In dem Theaterstück spielte eine Hexe mit.
○ Sie wohnte in einem Knusperhäuschen.

Ziel: Text genau lesen, Informationen (über das Märchen) heraussuchen, Informationen und eigene Kenntnisse vergleichen (Name des Märchens), Aussagen auf der Textgrundlage beurteilen

Der Drache mit den roten Augen

Im Stall lag die große Sau im Stroh und
hatte zehn Ferkelchen und einen Drachen geboren.
Die zehn kleinen Ferkelchen drängelten sich um sie herum.
In der Ecke stand der kleine Drache.
Er sah grün aus und hatte böse Augen.
Die Sau gewöhnte sich an ihr Drachenkind,
aber nicht daran, dass der Drache sie biss, wenn er trinken wollte.
So musste der kleine Drache von Kindern gefüttert werden.
Sie brachten ihm kleine Kerzenstummel, Schnüre, Korken und
alles, was Drachen gern fressen.

1) **Der Text gibt dir Informationen über den Drachen.**

So sieht er aus: _____

_____

Seine Mutter war _____

Wenn er trinken wollte, _____

Er fraß gern _____

2) **Bewerte die Aussagen mit richtig oder falsch.**

	☺	☹
Ferkel sind Säugetiere.		
Ferkel trinken Muttermilch.		
Eine Sau kann ein Drachenkind bekommen.		
Drachen sind Fantasiefiguren.		

Wesentliches und Nebensächliches: Informationen finden

Das ist wichtig!

Jeder kann etwas

Julius wohnt in Hamburg und kann segeln.
Selina ist acht Jahre alt und kann einen Kopfsprung.
Max aus München kennt viele Vogelarten.
Petra ist die Tochter eines Musikers und kann Gitarre spielen.
Fredrik geht gern zum Turnen und kann einen Kopfstand.
Bei Oma hat Tina etwas Neues gelernt, sie kann nun stricken.

Lies den Text. Was können die Kinder? Streiche alle überflüssigen Informationen weg. Schreibe die gekürzten Sätze ins Heft.

....

Wohin geht die Reise?

Cindy fährt in der nächsten Woche mit ihrer Oma nach Berlin.
Die Klasse 2a will nächstes Jahr an die Nordsee fahren.
Oma und Opa fliegen im Herbst nach Mallorca.
Bo und Tom zelten in den Sommerferien am Bodensee.
Mama reist mit dem Zug und ihrer Freundin nach Köln.
Papa fährt jedes Jahr zum Bergsteigen in die Alpen.

Lies den Text. Wohin geht die Reise? Streiche alle überflüssigen Informationen weg. Schreibe die gekürzten Sätze ins Heft.

....

Lieblingsgerichte

Peter isst mindestens einmal in der Woche Nudeln mit Tomatensoße.
Susanne kocht heute mit ihrer Freundin Gemüsesuppe.
Papa steht im Garten und grillt leckere Bratwürstchen.
Oma backt jeden Sonntag für die Familie einen Marmorkuchen.
Opa kocht und backt nicht so gern, er schwärmt für Käsebrote.

Lies den Text. Was gibt es zu essen?
Streiche alle überflüssigen Informationen weg.

Ziel: Text genau lesen, Informationen heraussuchen, überflüssige Informationen streichen, gekürzte Aussagesätze schreiben

Wesentliches und Nebensächliches: Informationen finden

Tiere brauchen Futter

Lernkontrolle

Peter kauft heute im Zoogeschäft Trockenfutter für seine Katze.
Janne füttert den Hund von Oma und Opa mit Dosenfutter.
Berit pflückt für ihr Kaninchen täglich Löwenzahn am Wiesenrand.
Die Wüstenrennmäuse von Mia fressen in ihrem Käfig Nagerfutter.
Andy pfeift ein Lied und versorgt seinen Papagei mit frischem Obst.
Melina sitzt in der Küche und gibt ihrem Hamster eine Nuss.

1) Streiche alle Wörter weg, die nicht nötig sind, um etwas über das Futter der Tiere zu erfahren.

Du erreichst _____ von 12 Punkten.

2) Schreibe den gekürzten Text auf.

_____
_____
_____
_____
_____
_____
_____

Du schreibst _____ von _____ Wörtern richtig.
2 Punkte für jeden richtig gekürzten / gestrichenen Satz

Ziel: Text genau lesen, Informationen heraussuchen, überflüssige Informationen streichen, gekürzte Aussagesätze fehlerfrei schreiben

Ordnen von Aussagen

Gute Reise

1) Lies aufmerksam.

Katinka will verreisen

◯ Sie stellt ihn mitten ins Zimmer.

◯ Zuerst holt Katinka ihren Koffer.

◯ Nein, der kommt nicht in den Koffer.

◯ Hose, Pulli, Socken, Kuschelhase.

◯ Nun überlegt sie, was sie einpacken muss:

2) Schreibe Zahlen vor die Sätze, sodass die Reihenfolge stimmt. Schreibe die geordneten Sätze in dein Heft.

3) Kreise die Überschrift ein, die deiner Ansicht nach am besten passt. Begründe.

_____

_____

4) Prüfe am Text und entscheide:

	☺	☹	❓
Katinkas Kuscheltier ist ein Hase.			
Katinka packt Hose und Pulli ein.			
Katinka will ihre Tante besuchen.			
Ohne Zahnbürste kann man nicht verreisen.			
Katinka verreist mit dem Zug.			

Ziel: Informationen erfassen, wiedergeben und in eine textlogische Reihenfolge bringen, einfache Schlussfolgerungen ziehen, Entscheidung begründen, Aussagen zum Text bewerten

Ordnen von Aussagen

Der Tag beginnt

1) Vervollständige das Gedicht.

Körperpflege, das ist klar,

_____

Waschen, kämmen, Zähne putzen,

_____

_____

damit der Tag sauber beginnen kann.

_____

Dazu gehören trinken und essen.

> Zahnpasta und auch Seife benutzen.
> die brauchst du das ganze Jahr.
> Jetzt noch frische Kleidung an,
> Das Frühstück solltest du nicht vergessen:

2) Schreibe die Reimpaare auf.

klar - _____

_____ - _____

_____ - _____

_____ - _____

3) Kreuze alle Überschriften an, die passen könnten.

○ Müsli zum Frühstück

○ Morgens

○ Was der Körper braucht

○ Sauber und gesund in den Tag

○ Frühstück fehlt

Ziel: Informationen erfassen und in eine textlogische und sprachlich richtige Reihenfolge bringen, Sprache untersuchen (Reimwörter finden und notieren), Textinhalt bewerten (Überschrift finden)

Ordnen von Aussagen

Wochenprogramm

1) Lies die Sätze aufmerksam.

○ Jeden Dienstag machen sie gemeinsam Hausaufgaben.

○ Caroline und Simon machen jeden Sonntag das Frühstück.

○ Wenn Freitag ist, hat Simon keine Hausaufgaben auf.

○ Am Mittwoch kochen die beiden in der Schule.

○ Am Montag gehen Caroline und Simon zum Kinderturnen.

○ Am Donnerstag geht Caroline zum Schwimmkurs.

○ Papa holt am Samstag immer Brötchen.

**2) Schreibe Zahlen vor die Sätze, sodass die Reihenfolge der Wochentage stimmt.
   Sonntag soll zuletzt kommen.
   Schreibe die geordneten Sätze in dein Heft.**

3) Ergänze die Sätze mithilfe des Textes.

Carolines Schwimmkurs ist am _____ .

Simon hat am _____ keine Hausaufgaben auf.

Kinderturnen findet am _____ statt.

Der Kochkurs in der Schule ist am _____ .

4) Schreibe die Wochentage auf, an denen Caroline und Simon etwas gemeinsam tun.

_____

_____

Ziel: Informationen erfassen, wiedergeben und in eine textlogische Reihenfolge bringen, einfache Schlussfolgerungen ziehen

Ordnen von Aussagen

Jenny ist neu

1) Alles ist durcheinander. Lies aufmerksam.

Jenny ist neu – Die Klasse 2b – Mats
- ○ Die neue Lehrerin heißt Frau Müller
- ○ Heute ist der Tag, vor dem Jenny sich fürchtet,
- ○ Plötzlich ruft ein Junge: „Hallo Jenny."
- ○ den hat Jenny schon auf dem Spielplatz kennengelernt.
- ○ denn Mama bringt Jenny in die neue Schule.
- ○ und nimmt Jenny mit in die 2b.
- ○ Nun steht Jenny vor der fremden Klasse.
- ○ Es ist Mats,

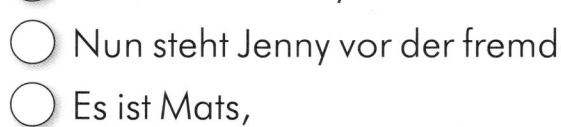

2) In welcher Reihenfolge entsteht eine kleine Geschichte? Trage die Zahlen ein.

3) Schreibe die geordneten Sätze in dein Heft.

4) Kreise die Überschrift ein, die deiner Ansicht nach am besten passt. Begründe.

_____

_____

5) Prüfe am Text und entscheide.

	☺	☹	❓
Jenny geht in die 2. Klasse.			
Mats ist 8 Jahre alt.			
Mama bringt Jenny zur Schule.			
Jenny kennt noch kein Kind aus der neuen Klasse.			
Die neue Lehrerin heißt Frau Müller.			

Ziel: Informationen erfassen, wiedergeben und in eine textlogische Reihenfolge bringen, einfache Schlussfolgerungen ziehen, Entscheidung begründen, Aussagen zum Text bewerten

Ordnen von Aussagen

Punktspiel

3-Tage Training

Lies die Sätze, nummeriere sie und schreibe sie in der richtigen Reihenfolge ins Heft.

Punktspiel

○ Nun ist es 14 Uhr und
○ Dann ist er zum Fußballplatz gefahren.
① Heute hat Leon ein Fußballpunktspiel.
○ Als nächstes hat er seine Sportkleidung angezogen.
○ Zuerst hat Leon seine Sportasche gepackt.
○ der Schiedsrichter pfeift das Spiel an.

Klettertour

○ denn heute fährt sie mit ihrer Freundin in den Hochseilgarten.
③ Mama und Papa sind auch dabei,
① Julia freut sich auf den Nachmittag,
○ weil Kinder noch nicht ohne
○ Endlich geht es gut gesichert los.
○ ihre Eltern klettern dürfen.

Die gute Tat

○ er hat kein Geld.
○ Das freut Elias sehr.
○ Auf dem Jahrmarkt gehen Anton und Adrian zur Achterbahn.
○ Da sagt Adrian:
② Dort steht Elias traurig an der Kasse, denn
○ „Ich lade dich zu einer Fahrt ein."

---

46   Ziel: Informationen erfassen und in eine textlogische Reihenfolge bringen, geordnet und fehlerfrei abschreiben

Ordnen von Aussagen

Ein Kuchen für Oma

Lernkontrolle
(__ / 7)

1) Nummeriere die Sätze, sodass die Reihenfolge der Geschichte stimmt.

◯ Dann legt er alle Zutaten bereit.

◯ Nun macht er alles genau so,

◯ Schließlich steht ein toller Marmorkuchen in der Küche.

◯ deshalb will Sven für Oma einen Kuchen backen.

◯ Morgen hat Oma Geburtstag,

◯ Zuerst fragt er Mama nach einem Rezept.

◯ wie es im Rezept steht.

(__ / 3)

2) Prüfe am Text und ergänze die Sätze.

Sven will für _____ einen Kuchen backen.

Er bekommt ein Rezept von _____.

Svens Kuchen ist ein _____.

(__ / 5)

3) Bewerte die Aussagen mit richtig, falsch oder unbekannt.

	☺	☹	❓
Sven backt den Kuchen einen Tag vor Omas Geburtstag.			
Für den Kuchen braucht Sven drei Eier.			
Mama hat kein Rezept.			
Oma wohnt im Haus nebenan.			
Der Marmorkuchen ist gut gelungen.			

Du hast _____ von 15 Punkten erreicht.

Ziel: Informationen erfassen und in eine textlogische Reihenfolge bringen, Textaussagen finden und wiedergeben, textbezogene Schlussfolgerungen ziehen

Entscheidungen: Richtige und falsche Aussagen

Das ist ein Olchi

Erhard Dietl

Ein Olchi hat Hörhörner.
Er hört Ameisen husten und Regenwürmer rülpsen.

Die Knubbelnase riecht gern Verschimmeltes und faulig Stinkendes.

Olchi-Haare sind so hart, dass man sie nicht
mit einer Schere schneiden kann,
sondern eine Feile braucht.

Olchi-Augen fallen gern zu, denn ein Olchi ist stinkefaul
und schläft für sein Leben gern,
egal, ob es Tag ist oder Nacht.

Olchi-Zähne knacken alles, Glas, Blech, Plastik, Holz oder Stein.

1) Bewerte die Aussagen mit richtig oder falsch. Lies dazu im Text genau nach.

	☺	☹
Die Ohren der Olchis heißen Hörhörner.		
Die Knubbelnase kann nicht riechen.		
Olchi-Haare werden mit einer Feile gekürzt.		
Olchi-Augen sind stets auf und wachsam.		
Mit Olchi-Zähnen kann man auch Steine zerbeißen.		
Olchis hören, wenn Ameisen Husten haben.		
Gestank riechen die Olchis gern.		
Olchis schlafen nur in der Nacht.		
Menschenzähne sind stark wie Olchi-Zähne.		

2) Verbinde.

Olchi-Augen

Hörhörner   Knubbelnase

Olchi-Haare   Olchi-Zähne

Ziel: Text gründlich lesen, Informationen wiedererkennen und Aussagen bewerten, Wort-Bild Zuordnung

Entscheidungen: Richtige und falsche Aussagen

Ein verteufelt muffliger Morgen

Erhard Dietl

Die Höhle der Olchis liegt genau
zwischen der Müllgrube und der Autobahn.
Wenn der Wind von Osten weht,
riecht es nach verfaulten Eiern,
ranzigem Fisch und ähnlichen wundervollen Dingen.
Dann freuen sich die Olchis,
denn sie mögen diesen feinfauligen Duft ganz besonders gern.

Heute ist es jedoch völlig windstill.
Die ganze Olchi-Familie hockt muffelig in der Höhle herum.
Was kann man schon anstellen an so einem versonnten Miestag?

1) Bewerte die Aussagen mit richtig oder falsch. Lies dazu im Text genau nach.

Aussage	☺	☹
Die Olchis leben in einem Hochhaus.		
Die Olchis wohnen zwischen Autobahn und Müllgrube.		
Die Olchis lieben den Gestank, der mit dem Ostwind kommt.		
Die Olchis hassen es, wenn es stinkt.		
Windstille Tage sind keine schönen Tage.		
Muffelig bedeutet schlecht gelaunt.		
Nur die Eltern sind muffelig.		
Ein sonniger Tag ist für Olchis ein mieser Tag.		

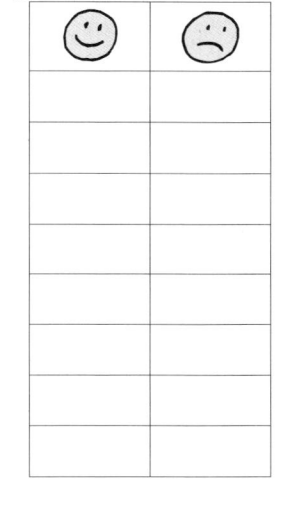

2) Wettergesichter der Olchis. Kreise ein: blau gelb

Ziel: Text gründlich lesen, Informationen wiedererkennen und Aussagen bewerten,
bildliche Informationen bewerten und zuordnen

Entscheidungen: Richtige und falsche Aussagen

Frieder hat einen kleinen Garten

Kirsten Boie

Hinter den Sträuchern ist ein kleiner Rasen.
Darauf hat Frieder aus Kaninchendraht
ein Viereck abgesteckt.
Und darin krabbeln sie.
Sechs Stück. Sechs wunderbare, schwarze
und weiße und braune Meerschweinchen…
„In Null-Komma-nix hat sie die gekriegt.
Und gleich mit Fell und ganz fertig und alles.
Nicht so hässlich nackt wie Babymäuse.
Mäuse hab ich auch", sagt Frieder.

1) Bewerte die Aussagen mit richtig oder falsch. Lies dazu im Text genau nach.

	☺	☹
Frieder hat Meerschweinchen und Mäuse.		
Im Garten sind Kaninchen.		
Die Meerschweinchen sind nur schwarz und weiß.		
Frieders Meerschweinchen sind rot.		
Meerschweinchenbabys haben gleich ein Fell.		
Frieder meint, dass Mäusebabys hässlich sind.		
Frieder krabbelt auf dem Rasen.		

2) Streiche falsche Wörter, sodass die Sätze zum Text passen.

Die Meerschweinchen Mäuse gefallen Frieder.

Im Gehege Sträucher sind Meerschweinchenbabys.

Die Meerschweinchen sind zweifarbig dreifarbig.

Die Meerschweinchen sehen gut hässlich aus.

Ziel: *Text gründlich lesen, Informationen wiedererkennen und Aussagen bewerten, einfache Schlussfolgerungen ziehen, Fehlwörter streichen, sprachlich und inhaltlich passende Aussagen erzeugen*

Entscheidungen: Richtige und falsche Aussagen

King-Kong

Kirsten Boie

In der nächsten Zeit geht Jan-Arne jeden Tag zum Garten.
Manchmal ist Frieder da und manchmal nicht.
Vorher weiß man das nie.
Aber wenn er da ist,
darf Jan-Arne jedes Mal mit King-Kong spielen.
King-Kong soll sein Meerschweinchen heißen,
das findet Jan-Arne gut.
Weil es nämlich einmal groß und stark und wild sein soll.
Und gefährliche Kinder kratzen und beißen,
wenn Jan-Arne das will.
Michi zum Beispiel.

**1) Bewerte die Aussagen mit richtig oder falsch.
Lies dazu im Text genau nach.**

	☺	☹
Jan-Arne geht jeden Tag zum Garten.		
Jan-Arne trifft Frieder jeden Tag im Garten.		
Ein Meerschweinchen soll King-Kong heißen.		
Jan-Arne kann es nur streicheln, wenn Frieder da ist.		
King-Kong soll das Meerschweinchen von Jan-Arne werden.		
Michi ist ein netter Junge.		
Jan-Arne will King-Kong etwas beibringen.		
King-Kong soll alle Kinder kratzen und beißen.		

2) Streiche falsche Wörter, sodass die Sätze zum Text passen.

Der Name King-Kong steht für groß und stark schwach und wild.

Jan-Arne ist gern ungern in Frieders Garten.

Jan-Arne kommt in den Käfig Garten, um King-Kong zu streicheln.

Jan-Arne kennt gefährliche Tiere Kinder.

Ziel: Text gründlich lesen, Informationen wiedererkennen und Aussagen bewerten, einfache Schlussfolgerungen ziehen, Fehlwörter streichen, sprachlich und inhaltlich passende Aussagen erzeugen

Entscheidungen: Richtige und falsche Aussagen

Lotta zieht aus

Lese-Seite

Nun war es aber Zeit, dass Mama einkaufen ging.
Darum kam sie ins Kinderzimmer und sagte:
„Mach schnell und sei wieder artig, Lotta,
und zieh den Pullover an.
Dann darfst du mitkommen zum Einholen."
Einholen, das war das Schönste, was es für Lotta gab.
Aber der Pullover, den sie anziehen sollte,
lag im Papierkorb und war zerschnitten.

Und da hob Lotta von neuem ein Geschrei an,
das bis zu Tante Berg zu hören war.
„Was in aller Welt ist mit dir los?", fragte Mama.
„Hast du die Absicht den ganzen Tag
solchen Krach zu machen?
Ja, dann muss ich wohl allein einholen gehen."
Und dann ging Mama. Lotta saß auf dem Fußboden
und schrie, solange sie konnte.

Dann wurde sie still und begann zu überlegen.
„Es würde noch so kommen", sagte sich Lotta,
„dass sie ihr ganzes Leben lang
im Kinderzimmer sitzen musste,
bloß wegen dieses Pullovers."
Lotta beschloss, sofort auszuziehen.
Darum nahm sie jetzt Papier und Bleistift und
schrieb einen Zettel an Mama.

Ich bin weggezogen, guckt in den Papierkorb.

„Dann weiß Mama gleich,
weshalb ich weggezogen bin", sagte Lotta.
Wohin soll Lotta ziehen?
Man kann wohl ausziehen;
aber man muss wissen, wohin man ziehen will.
Das wusste Lotta nicht.
„Ich kann Tante Berg fragen,
ob ich bei ihr wohnen darf", sagte Lotta.

Astrid Lindgren

Entscheidungen: Richtige und falsche Aussagen

Lotta zieht aus

4-Tage Training

Arbeitsseite

Kreuze die richtigen Aussagen an und schreibe sie ins Heft.

Mama kommt ins Kinderzimmer.
Lotta will ihren Pullover nicht anziehen.
Mama kommt vom Einkaufen.
Lotta geht nicht gern mit Mama etwas einkaufen.
Einholen und einkaufen bedeuten das gleiche.
Lotta hat ihren Pullover zerschnitten.
Der Papierkorb ist leer.

Lotta war lieb und leise.
Mama weiß, was mit Lotta los ist.
Lotta kann nicht mit, wenn sie Geschrei macht.
Mama verlässt Lottas Kinderzimmer.
Lotta saß auf dem Bett.
Lotta schrie bis sie nicht mehr konnte.

Lotta überlegte, wie es weitergehen soll.
Der ganze Ärger hing mit einem Pullover zusammen.
Lotta wollte nicht mehr zu Hause wohnen.
Sie wollte keine Nachricht hinterlassen.
Lotta konnte einen Zettel finden.
Lotta hatte nur einen Buntstift.

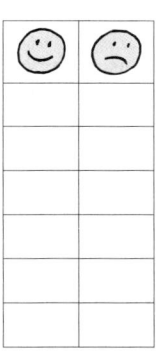

Lotta schreibt einen Zettel.
Im Papierkorb liegt immer noch der zerschnittene Pullover.
Lotta weiß sofort, wo sie nun wohnen soll.
Sie will bei einer Tante wohnen.
Lotta muss auf einen Berg gehen.
Die Frau heißt Tante Berg.

Ziel: Text gründlich lesen, Informationen wiedererkennen und Aussagen bewerten, einfache Schlussfolgerungen ziehen, richtige Aussagen fehlerfrei abschreiben

Entscheidungen: Richtige und falsche Aussagen

Jan-Arne hat ein Geheimnis

Lernkontrolle

Es ist ein Glück, dass Mama dienstags immer ihren Strickkreis hat.

Sonst hätte sie King-Kong (das Meerschweinchen) vielleicht entdeckt,

als Jan-Arne ihn im Schuhkarton nach Hause gebracht hat.

Aber jetzt ist sie weg, und Jan-Arne kann

den ganzen Nachmittag mit King-Kong im Kinderzimmer spielen…

King-Kong fiept ein bisschen und verschwindet unterm Bett.

Kirsten Boie

1) Bewerte die Aussagen mit richtig oder falsch.
Lies dazu im Text genau nach.

(__ / 8)

	☺	☹
Jeden Dienstag geht Mama zum Stricken.		
Mama soll King-Kong nicht entdecken.		
King-Kong sitzt in einem Karton für Schulsachen.		
Jan-Arne bringt King-Kong aus dem Kinderzimmer weg.		
Jan-Arne will den ganzen Tag mit King-Kong spielen.		
King-Kong macht Geräusche, Jan-Arne sagt fiepen dazu.		
Jan-Arne legt sich ins Bett.		
King-Kong verkriecht sich unter dem Bett.		

2) Streiche falsche Wörter, sodass die Sätze zum Text passen.

(__ / 7)

Jan-Arne hat Mama viel nichts von King-Kong geschrieben erzählt.

Er bringt das Meerschweinchen ins Kinderzimmer Wohnzimmer.

Jan-Arne ist traurig froh, weil Mama nicht da ist.

Jan-Arne hat King-Kong sehr nicht lieb.

King-Kong springt kriecht auf unter das Bett.

Du hast _____ von 15 Punkten erreicht.

Ziel: Text gründlich lesen, Informationen wiedererkennen und Aussagen bewerten, einfache Schlussfolgerungen ziehen, Fehlwörter streichen, sprachlich und inhaltlich passende Aussagen erzeugen

Drei Familien

Lies genau und fülle die Tabelle aus.

Sina Müller hat noch zwei Brüder.

Tom Wagner hat keine Geschwister.

Familie Schulz fliegt mit zwei Jungen und zwei Mädchen nach Italien.

Tom freut sich auf die Reise nach Norwegen, denn er ist noch nie mit einer Fähre gefahren.

Familie Müller reist wie jedes Jahr mit dem Auto nach Dänemark.

	Familie Müller	Familie Wagner	Familie Schulz
Zahl der Kinder			
Urlaubsziel			
Reise mit			

Das ist Familie _____,

sie macht Urlaub in _____,

dorthin reist sie mit _____

Das ist Familie _____,

sie macht Urlaub in _____,

dorthin reist sie mit _____

Das ist Familie _____,

sie macht Urlaub in _____,

dorthin reist sie mit _____

Kinder mögen Tiere

Lies genau und ordne zu.

Tina ist sechs Jahre alt.

Neben Tina steht Linus.

Er trägt eine Badehose.

Lukas hat eine lange Hose und Turnschuhe an.

Mara trägt eine Bluse und Sandalen.

Sie ist vier Jahre älter als Tina und Lukas.

Linus ist zwei Jahre jünger als Tina.

Das Haustier von Tina kann bellen.

Das Haustier von Linus kann fliegen.

Das Haustier von Lukas frisst Möhren.

Welches Haustier gehört zu Mara? Mara hat _____.

Name				
Alter				
Haustier				

Tabellen: Informationen erkennen und eintragen

Eis essen

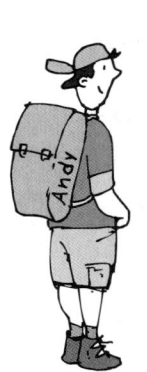

1) Trage die Eissorten und die Kindernamen in die Tabelle ein.

Eissorten / Kinder					

2) Lies genau und schreibe die Anzahl der Eiskugeln auf.

Susi nimmt immer zwei Kugeln Schoko und eine Kugel Nuss.
Cony nimmt von jeder Sorte - außer Erdbeere - eine Kugel.
Andy mag nur Früchte-Eis. Er nimmt eine Kugel jeder Sorte.
Tommi bestellt drei Kugeln Joghurt-Eis im Becher.
Rosi hat am meisten Geld, doch sie nimmt nur eine Kugel Zitrone.

3) Wer bekommt das Eis? Schreibe den Namen unter das Bild.

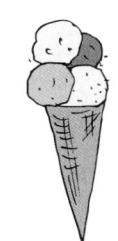

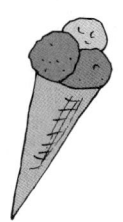

_____ _____ _____ _____ _____

Ziel: Informationen erfassen und in Beziehung setzen, einfache Schlussfolgerungen ziehen

Tabellen: Informationen erkennen und eintragen

Ein Fahrzeug für jeden

Lies genau, ordne zu und male an.

Name des Kindes				
Alter des Kindes				
Farbe				
Preis				

Luca, Fabian, Ronja und Janina wünschen sich neue Fahrzeuge.
Janina ist sieben Jahre alt, genau wie Ronja, Luca ist ein Jahr älter.

Luca möchte ein Fahrzeug mit vier Rädern.
Fabian ist erst zwei Jahre alt. Was könnte für ihn passen?
Ronja möchte auf jeden Fall einen Korb am Rad haben.

Janina wünscht sich ein grünes Rad.
Luca möchte ein rotes Fahrzeug.
Ronja gefällt Gelb am besten und Fabian mag Blau.

Ein Go-Cart ist am teuersten, ein Dreirad am billigsten.
Kinderräder mit Korb sind 10 € teurer als Räder ohne Korb

49 €   80 €   100 €   ___ €

Ziel: Informationen erfassen und in Beziehung setzen, einfache Schlussfolgerungen ziehen

Tabellen: Informationen erkennen und eintragen

Blumen

3-Tage-Training

Lese-Seite

Im Blumenladen werden Blumenvasen dekoriert.
In die Vase in der Mitte kommen insgesamt acht Tulpen, drei rote und fünf gelbe Tulpen.
In die Blumenvasen rechts und links daneben steckt die Gärtnerin jeweils drei gelbe Sonnenblumen.
In die erste Vase steckt sie eine lange rote Rose.
In die letzte Vase steckt sie einen Zweig mit zehn kleinen lila Blüten.

Kreuze alle Angaben aus dem Text in der Tabelle an.

Kinder

Elmar, Tom und Anton tragen eine Brille.
Außer Anton haben alle Jungen eine Mütze auf.
Draußen ist es kalt, deshalb kommt kein Kind ohne Jacke.
Nur Rolf hat einen Gürtel in der Hose.
Tom und Anton haben Halsschmerzen, sie tragen einen Schal.
Elmar trägt Turnschuhe, alle andere haben Stiefel an.

Das Kind auf dem Bild heißt _____.

Stundenplan

So sieht der Stundenplan von Stine aus:

An den Tagen mit **M** hat Stine in folgender Reihenfolge Unterricht: Mathematik, Deutsch, Musik und Kunst. An den Tagen mit **D** ist die Reihenfolge anders: Mathematik, Sachkunde, Deutsch. Dienstags ist in der letzten Stunde Sport und donnerstags ist in der letzten Stunde Religion. Der Freitag beginnt mit Deutsch und endet mit Religion. Auf Deutsch folgt Sport und welche Stunde liegt vor Religion?

Das ist _____.

Ziel: Informationen finden und in Beziehung setzen, verbale Informationen tabellarisch festhalten, auswerten und einfache Schlussfolgerungen ziehen

Blumen

Tabellen: Informationen erkennen und eintragen

Arbeits-Seite

Lies genau und ergänze die Blumenvasen.

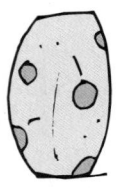

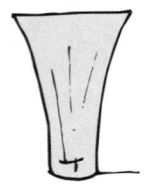

Kinder

Lies genau und fülle die Tabelle aus.

	Mütze	Jacke	Stiefel	Gürtel	Schal	Brille
Elmar						
Rolf						
Tom						
Anton						

Stundenplan

Lies genau und fülle den Stundenplan aus.

Std.	Montag		Mittwoch		
1.					
2.					
3.					
4.					

Std: Deutsch, ____ Mathematik, 5 Sport, ____ Sachkunde, ____ Musik, ____ Kunst, ____ Religion ____

Schulfest

Tabellen: Informationen erkennen und eintragen

Lernkontrolle

Lies die Informationen genau und fülle die Tabelle.

Schulfest „Am Stadtwald"

Die Grundschule „Am Stadtwald" feiert ein Schulfest.
Alle Klassen haben viel vor:
Die ersten, zweiten und vierten Klassen veranstalten den Flohmarkt.
Die dritten Klassen organisieren den Kuchenverkauf
und planen eine Vorführung.
Alle Klassen bauen Spielbuden auf.
Die vierten Klassen führen auch etwas vor.

	Flohmarkt	Kuchenverkauf	Spielbuden	Vorführung
1a				
1b				
2a				
2b				
3a				
3b				
4a				
4b				

Hier helfen alle Klassen: _____

Diese Aufgabe haben nur zwei Klassen: _____

Die meisten Aufgaben haben die Klassen: _____

Folgende Klassen führen nichts vor: _____

Du erreichst _____ von 16 Punkten.

Ziel: Verbale Informationen tabellarisch festhalten, auswerten und einfache Schlussfolgerungen ziehen

Urlaubspost

Lies genau und ergänze die fehlenden Informationen.
Jonathan schreibt eine Urlaubskarte an seine Großeltern:

Liebe Oma, lieber Opa,

unser Ferienhaus ist toll,
denn es hat einen kleinen Garten.
Wenn ich aus der Haustür gucke,
sehe ich rechts die Schaukel und
links das Fußballtor.
Hinter dem Tor steht noch
ein Apfelbaum mit genau zehn Äpfeln.
Am Gartenzaun ist das Schild mit der Hausnummer 25.

Liebe Grüße
Jonathan

Jonathan hat die Karte selbst gemalt. Ergänze, was noch fehlt.

Zeichnungen: Texte zeichnerisch wiedergeben

Tischordnung

Lies genau und schreibe die Namen auf die Tischkarten.

Sophia feiert heute ihren 7. Geburtstag.
Mama, Papa, Oma und Opa,
Tante Marie und Ben sind zum Mittagessen da.
Auch ihre Freundin Line ist eingeladen.
Sophia hilft den Tisch zu decken und verteilt Tischkarten.

Oma sitzt mit dem Rücken zur Tür.
Rechts von Oma sitzt Opa.
Ben will immer neben Opa sitzen.
Tante Marie bekommt den anderen Platz neben Oma
und gleich gegenüber kann Mama sitzen.
Sophias Platz ist zwischen Mama und Line.
Und wo sitzt Papa?

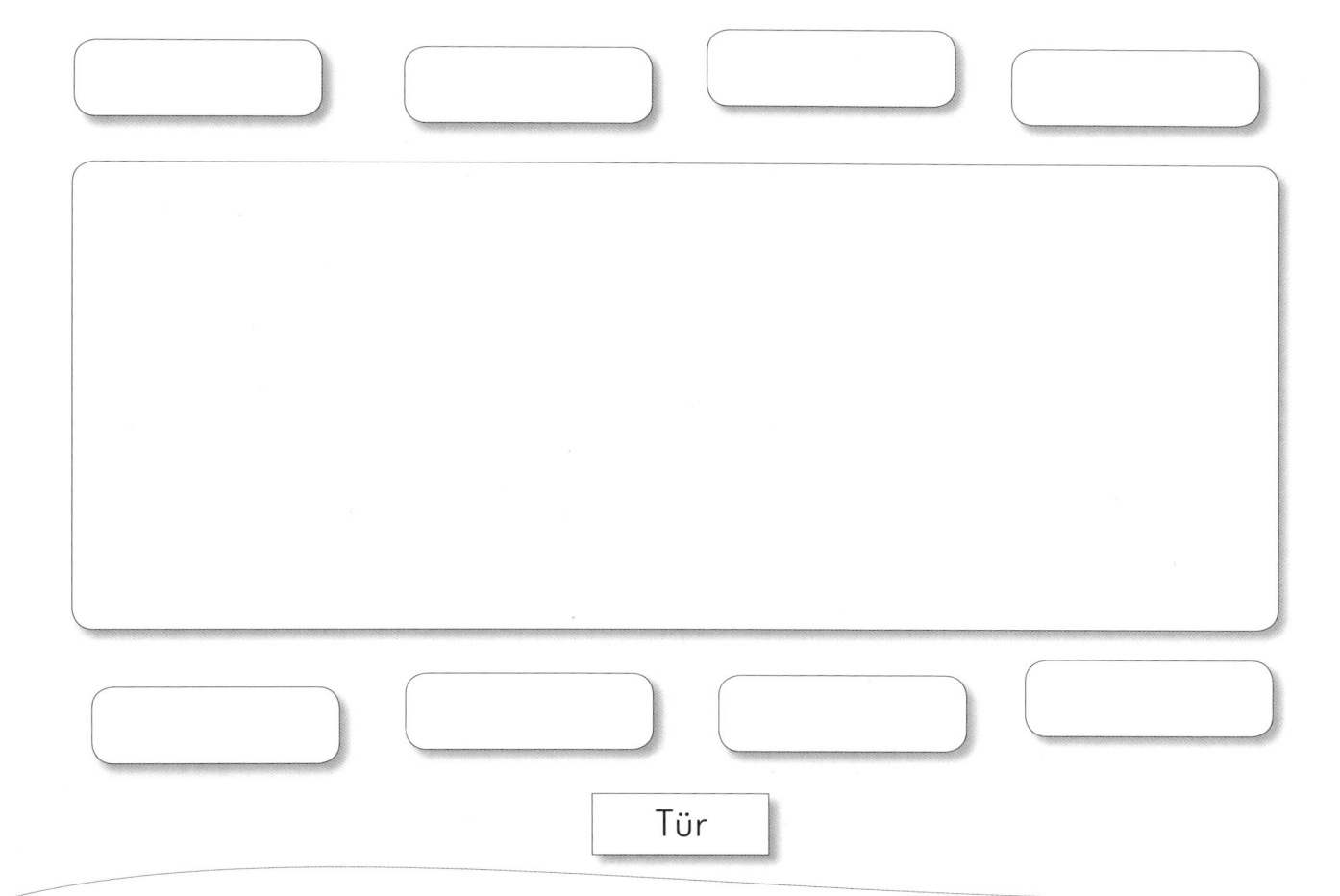

Tür

Ziel: Verbale Informationen entnehmen und in einer Zeichnung wiedergeben, einfache Schlussfolgerungen ziehen

Zeichnungen: Texte zeichnerisch wiedergeben

Gartenarbeit

Lies genau und schreibe auf, was wo wächst.

Oma und Opa haben einen kleinen Garten.
Am Wochenende dürfen Paula und Sören helfen.

Wenn man auf der Terrasse steht, sieht man den ganzen Garten.
Opa unterteilt ihn in neun gleich große Flächen.
Hinten links sollen Kartoffeln wachsen, daneben kommt Kohlrabi.
Hinten rechts pflanzt Oma Salat.
Vor die Kartoffeln sät Opa Möhren, daneben steckt er Zwiebeln und
neben die Zwiebeln kommt ein Kräuterbeet.
In der vordersten Reihe möchte Oma nur Erdbeeren pflanzen.

Paula bepflanzt das Beet unten rechts mit _____.

Sören steckt im mittleren Beet _____.

Sitzordnung

3-Tage Training

Leseseite

Lies das Gespräch und schreibe auf, wo die Kinder am Gruppentisch sitzen.

„Ich möchte mit Sandra an einem Tisch sitzen", sagt Luisa.
„Tom und ich sitzen auch an einem Tisch und ich nehme den Platz links von Sandra.", erklärt Fabian.
„Dann setze ich mich gegenüber von Tom", meint Leon.
„Und wo sitze ich?", fragt Tina.

Lies den Text und schreibe auf, wer wo am Tisch sitzt.

Urlaubsessen

Familie Kaiser geht im Urlaub in ein Restaurant, alle wählen aus der Speisekarte:

Vater: Ich möchte ein halbes Hähnchen und ein großes Bier.

Mutter: Ich bestelle einen großen Salat-Teller und das gleiche Getränk wie mein Mann.

Julian: Ich möchte Pommes mit Würstchen und eine Cola.

Maja: Ich trinke eine Cola mit Trinkhalm und esse nur Pommes.

Lies den Text und schreibe die Sitzverteilung im Auto auf.

Bitte einsteigen

Sonja hat Geburtstag und lädt ihre Gäste ins Schwimmbad ein. Im großen Auto haben alle sechs Kinder Platz.
„Ich sitze vorne, weil ich die größte bin", ruft Marlis.
„Ich sitze hinter Papa", beschließt Sonja.
„Dann will ich neben Sonja sitzen und Nico soll neben mir sitzen", meint Chris.
„Dann gehen Lasse und ich in die letzte Reihe", sagt Melina.
Lasse nimmt sofort auf der Fahrerseite Platz.

Wer lenkt das Auto? _____

Ziel: Verbale Informationen entnehmen und in einer Zeichnung wiedergeben, einfache Schlussfolgerungen ziehen

Zeichnungen: Texte zeichnerisch wiedergeben

Sitzordnung

Arbeitsseite

Wer sitzt wo?
Trage die Namen der Kinder ein.

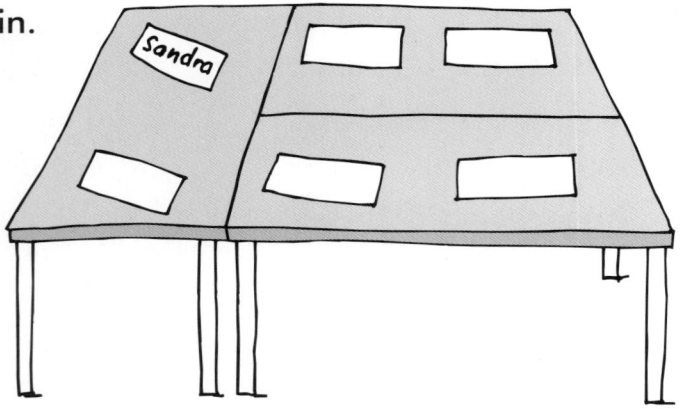

Urlaubsessen

Wer sitzt wo? So sieht der gedeckte Tisch aus.
An welchen Platz sitzen Vater, Mutter, Julian und Maja?

Bitte einsteigen

Wer sitzt wo? Mit diesem Auto fahren Sonja und ihre Gäste ins Schwimmbad:

Aufräumen

Lernkontrolle

1) Lies den Text.

Anne und Karsten räumen das Regal im Kinderzimmer auf:

Karsten: Unten links stelle ich die Kiste mit den Bausteinen hin.
Anne: Daneben stelle ich die Verkleidungskiste.
Karsten: Ganz oben rechts können alle Würfelspiele stehen.
Anne: Und darunter kommt eine ganze Reihe nur mit Büchern.
Karsten: Neben die Würfelspiele setzen wir die Puppe.
Anne: Dann kann das Polizeiauto in die freie Ecke.

2) Unterstreiche im Text, welche Gegenstände in das Regal geräumt werden.

(__/6)

3) Trage ein, was wo im aufgeräumten Regal steht.

(__/6)

4) Schreibe auf. Das räumt Karsten ein: (__/3)

_____

5) Schreibe auf. Das räumt Anne ein: (__/3)

_____

Du erreichst _____ von 18 Punkten.

Ziel: Verbale Informationen entnehmen und in einer Zeichnung wiedergeben, einfache Schlussfolgerungen ziehen

Formulieren: Sätze bilden, Unterschiede erkennen

Wikinger

1) Male die Figur an.

(Hörner) schwarz
(Helm) gelb
(Speerspitze) silber
(Speerstange) braun
(Haare) rot
(Kettenhemd) blau
(Rock) grün
(Strumpfhose) schwarz
(Schuhe) hellbraun

Willi Wikinger
7 Jahre

2) Vervollständige die Sätze mithilfe des Bildes.

Das ist _____.

Er ist _____ alt.

Er hat _____ Haare.

Der Helm sieht _____ aus mit _____ Hörnern.

Will trägt ein _____ Kettenhemd mit

einem _____ Rock.

Er hat eine _____ Strumpfhose und

_____ Schuhe an.

In der Hand hält Willi einen Speer mit _____ Spitze und

_____ Stange.

68 Ziel: Verbale Informationen in eine Zeichnung übertragen und optisch darstellen, Informationen durch Ergänzung eines Textes grammatisch und inhaltlich richtig formulieren

Formulieren: Sätze bilden, Unterschiede erkennen

Manuel schreibt Unsinn

Die Kinder der Klasse 2a schreiben auf, was sie gern essen.
Das schreibt Manuel:

Ich liebe reife Würstchen.
Ich mag knuspriges Schokoladeneis.
Ich schwärme für saure Tomaten.
Ich frühstücke immer sahnige Brötchen.
Ich esse gern heiße Äpfel.

1) Unterstreiche alle Wiewörter (Adjektive).
2) Tausche die Adjektive so, dass passende Sätze entstehen. Schreibe sie auf.

_____

_____

_____

_____

_____

3) Streiche falsche Adjektive weg.

Würstchen können kurz, lang, frisch, stark, traurig und lecker sein.

Schokoladeneis kann kalt, heiß, dunkel, teuer und süß sein.

Tomaten können rot, grün, billig, stark, frisch, feige und faulig sein.

Brötchen können groß, knackig, alt, weich, krank und klein sein.

Äpfel können reif, gelb, grün, rot, glatt, treu, teuer und saftig sein.

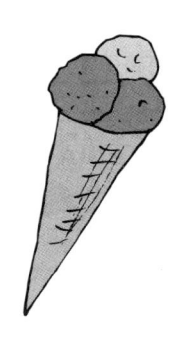

Ziel: Verbale Informationen hinterfragen und durch Neuordnung passende Aussagesätze erstellen, unpassende Formulierungen (hier: Adjektive) ermitteln

Informationen über Petra

1) Verbinde Sätze mit ähnlicher Bedeutung.

Petra feiert ihren Geburtstag gern mit Freunden.	Petra spielt Handball und Fußball, doch Handball gefällt ihr besser.
Petra spielt lieber Handball als Fußball.	Petra lädt gern Freunde ein.
Petra war im Urlaub in Italien.	Petras Freunde wohnen ganz in der Nähe.
Petra ist acht Jahre und geht in die 2. Klasse.	Petra kennt Italien von ihrer letzten Reise.
Petra hat viele Freunde in der Nachbarschaft.	Petra wird bald neun Jahre alt und kommt in die 3. Klasse.

2) Vervollständige die Sätze.
   Die Informationen aus der Tabelle helfen dir.

Petras Lieblingssport ist _____.

Petra feiert ihren Geburtstag mit _____.

Petra lernte im Urlaub _____ kennen.

Petra wohnt in der Nähe von _____.

Wenn Petra Geburtstag hat, wird sie _____ alt.

Formulieren: Sätze bilden, Unterschiede erkennen

Antonia hat ein Ziel

1) Lies genau.

Antonia möchte gern Schwimmen lernen,
denn dann darf sie ohne Eltern ins Freibad gehen.
Im Sommer kann sie dort tauchen
und Kopfsprung üben.
So ein Nachmittag im Freibad ist nie langweilig.
Außerdem sind immer viele Kinder im Freibad,
die Antonia aus der Schule kennt.

2) Beantworte die Fragen im ganzen Satz.

Was möchte Antonia lernen?

_____

Warum möchte Antonia Schwimmen lernen?

_____

Was macht Antonia im Freibad?

_____

Woher kennt Antonia die anderen Kinder, die im Freibad sind?

_____

Welche Nachmittage sind für Antonia nie langweilig?

_____

3) Entscheide: richtig, falsch oder unbekannt.

	☺	☹	❓
Antonia macht einen Schwimmkurs.			
Antonia übt den Kopfsprung.			
Antonia ist immer allein im Freibad.			
Antonias Eltern gehen auch schwimmen.			

*Ziel: Verbale Informationen entnehmen und als Antworten formulieren,
Informationen in veränderten Formulierungen hinterfragen und bewerten*

Zuordnen - antworten – neu formulieren

Formulieren: Sätze bilden, Unterschiede erkennen

Verbinde Sätze mit <u>ähnlicher</u> Bedeutung. Schreibe sie in dein Heft.

Hanna füttert ihren Hund jeden Morgen.	Der Hund muss im Wald angeleint werden.
Simon nimmt den Hund im Wald immer an die Leine.	Der Hund muss regelmäßig gefüttert werden.
Mama fährt mit dem Hund regelmäßig zum Tierarzt.	Ein Hund ist ein Familienmitglied.
Papa hat den Hund gut erzogen.	Der Hund muss von Zeit zu Zeit auch zum Arzt.
Der Hund von Hanna und Simon gehört zur Familie.	Der Hund hat gelernt zu gehorchen.

Schreibe die Antworten in ganzen Sätzen im Heft auf, lies in Aufgabe 1 nach.

Welches Haustier haben Hanna und Simon?
Wer hat das Tier erzogen?
Wo wird der Hund angeleint?
Wer bringt das Tier zum Tierarzt?
Welche Aufgabe hat Hanna?

**So stimmen die Sätze nicht.
Unterstreiche die Nomen, finde für jedes Nomen den passenden Satz und schreibe die richtigen Sätze in dein Heft.**

Bald beginnen die langen Baby-Elefanten.
Dann will ich einen aufregenden Monat erleben.
Ich plane einen ganztägigen Tag.
Ich möchte den neugeborenen Ausflug besuchen.
Er wurde in den letzten Sommerferien geboren.

Formulieren: Sätze bilden, Unterschiede erkennen

Projekttage

Lernkontrolle

Lies zuerst den Text genau.

Jedes Jahr finden Projekttage in der „Grundschule am Park" statt.
Benjamin möchte zum Projekt „Polizeiarbeit".
Da möchten Marita und Leonie auch mitmachen.
Markus interessiert sich für Tiere, deshalb will er das Projekt „Vögel" wählen.
Wie immer gibt es auch Sportprojekte:
Beliebt sind „Laufabzeichen" und „Einrad fahren".

1) Schreibe die Namen der Kinder auf, die im Text genannt werden. (___/4)

_____

2) Schreibe die genannten Projekte auf. (___/4)

_____

_____

3) Wie oft finden die Projekttage statt? (___/1)

_____

4) Welche Schule veranstaltet die Projekttage? (___/1)

_____

5) Bewerte die Aussagen mit richtig, falsch oder unbekannt.

	☺	☹	❓
Benjamin möchte zum Projekt „Vögel".			
Markus mag keine Tiere.			
Die Polizei bietet ein Projekt an.			
„Laufabzeichen" wird immer gern gewählt.			
„Einrad fahren" wählen nur die Mädchen.			
Leonie weiß, was sie wählen möchte.			

(___/6)

Du erreichst _____ von 16 Punkten.

Ziel: Verbale Informationen entnehmen, veränderte Formulierungen und Textaussagen vergleichen und bewerten

Quellenverzeichnis

Seite 18
Eckhard Lange: Verlorene Liebesmüh

Seite 19
Vater und Sohn/Der selbstgebaute Schlitten
Aus: e. o. plauen „Vater und Sohn" in Gesamtausgabe Erich Ohser
© Südverlag GmbH, Konstanz, 2000
www.vaterundsohn.de

Seite 21
Eckhard Lange: Nest mit Hut

Seite 23
Peter Thulke: Führerschein mit 6

Seite 48
Erhard Dietl: Das ist ein Olchi
Aus: Erhard Dietl: Die Olchis fliegen in die Schule,
© Verlag Friedrich Oetinger, Hamburg

Seite 49
Erhard Dietl: Ein verteufelt muffliger Morgen
Aus: Erhard Dietl: Die Olchis fliegen in die Schule,
© Verlag Friedrich Oetinger, Hamburg

Seite 50
Kirsten Boie: Frieder hat einen kleinen Garten
Aus: Kirsten Boie: King-Kong das Geheimschwein,
© Verlag Friedrich Oetinger, Hamburg

Seite 51
Kirsten Boie: King-Kong
Aus: Kirsten Boie: King-Kong das Geheimschwein,
© Verlag Friedrich Oetinger, Hamburg

Seite 52
Astrid Lindgren: Lotta zieht aus
Aus: Astrid Lindgren: Lotta zieht um,
© Verlag Friedrich Oetinger, Hamburg

Seite 54
Kirsten Boie: Jan-Arne hat ein Geheimnis
Aus: Kirsten Boie: King-Kong das Geheimschwein,
© Verlag Friedrich Oetinger, Hamburg

Lösungen

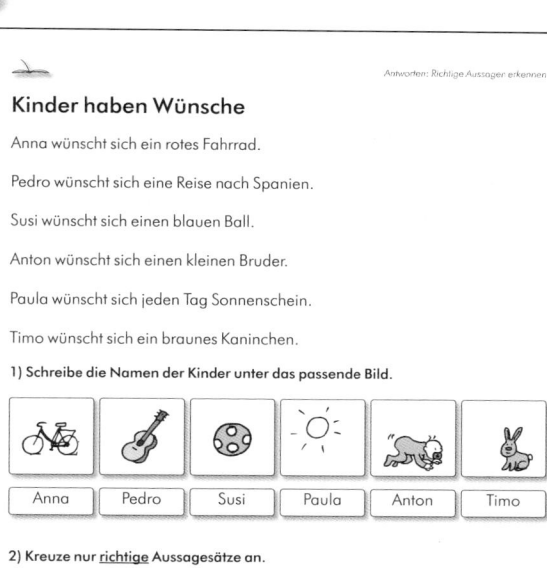

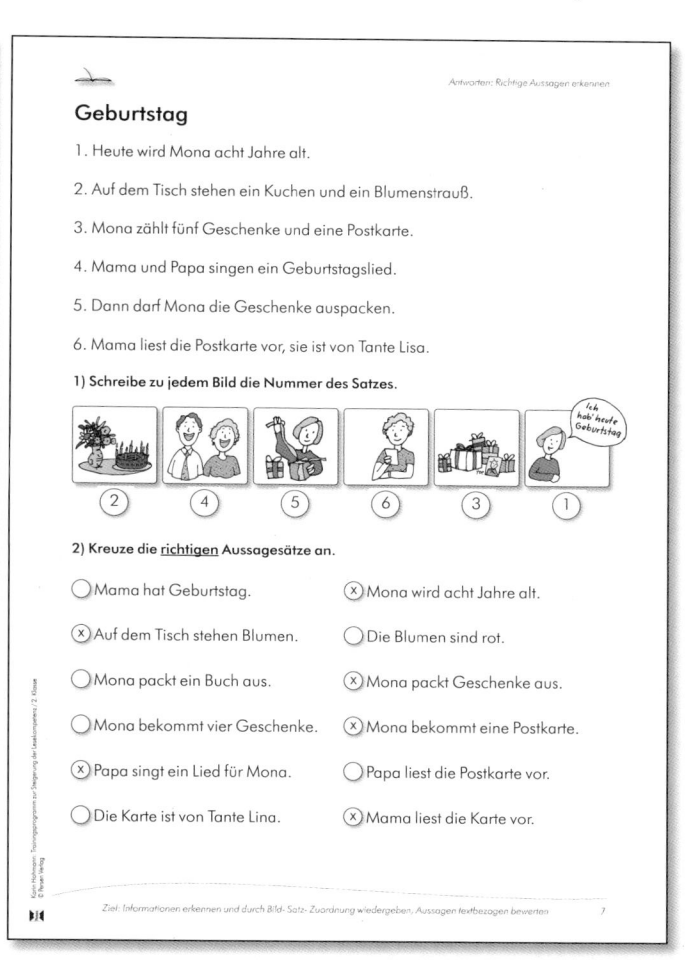

Antworten: Richtige Aussagen erkennen

Kinder haben Wünsche

Anna wünscht sich ein rotes Fahrrad.

Pedro wünscht sich eine Reise nach Spanien.

Susi wünscht sich einen blauen Ball.

Anton wünscht sich einen kleinen Bruder.

Paula wünscht sich jeden Tag Sonnenschein.

Timo wünscht sich ein braunes Kaninchen.

1) Schreibe die Namen der Kinder unter das passende Bild.

Fahrrad	Gitarre	Ball	Sonne	Bruder	Kaninchen
Anna	Pedro	Susi	Paula	Anton	Timo

2) Kreuze nur richtige Aussagesätze an.

- [x] Das Fahrrad soll rot sein.
- [ ] Pedro möchte nach Italien reisen.
- [x] Susi wünscht sich einen Ball.
- [ ] Antons Wunsch kann jeder erfüllen.
- [x] Paulas Wunsch kann nicht erfüllt werden.
- [x] Ein Kaninchen kann auch weiß aussehen.

Antworten: Richtige Aussagen erkennen

Geburtstag

1. Heute wird Mona acht Jahre alt.
2. Auf dem Tisch stehen ein Kuchen und ein Blumenstrauß.
3. Mona zählt fünf Geschenke und eine Postkarte.
4. Mama und Papa singen ein Geburtstagslied.
5. Dann darf Mona die Geschenke auspacken.
6. Mama liest die Postkarte vor, sie ist von Tante Lisa.

1) Schreibe zu jedem Bild die Nummer des Satzes.

② ④ ⑤ ⑥ ③ ①

2) Kreuze die richtigen Aussagesätze an.

- [ ] Mama hat Geburtstag.
- [x] Auf dem Tisch stehen Blumen.
- [ ] Mona packt ein Buch aus.
- [ ] Mona bekommt vier Geschenke.
- [x] Papa singt ein Lied für Mona.
- [ ] Die Karte ist von Tante Lina.

- [x] Mona wird acht Jahre alt.
- [ ] Die Blumen sind rot.
- [x] Mona packt Geschenke aus.
- [x] Mona bekommt eine Postkarte.
- [ ] Papa liest die Postkarte vor.
- [x] Mama liest die Karte vor.

Antworten: Richtige Aussagen erkennen

Freundschaft

Jakob will mit seinem Freund Lukas Fußball spielen.
Jakobs Freundin Julia darf auch mitspielen.
Anja will mit ihrer Freundin Jule die Pferde füttern.
Anjas Freund Jonas hat auch ein Pferd.
Max möchte in der Schule neben seinem Freund Tom sitzen.
Tina klingelt jeden Morgen bei ihrer Freundin Lilli.
Manchmal spielen alle Jungen und Mädchen zusammen.
Dann sind es ⎡10⎤ Kinder.

1) Kreuze nur die richtigen Antworten an.

- [x] Jakob spielt gern Fußball.
- [x] Julia ist Jakobs Freundin.
- [ ] Jule hat Angst vor Pferden.
- [x] Jonas ist Anjas Freund.
- [ ] Jonas hat kein Pferd.
- [ ] Max möchte neben Tina sitzen.
- [x] Max und Tom sind Freunde.
- [x] Lilli ist eine Freundin von Tina.
- [ ] Die Kinder spielen immer zu zweit.
- [x] Die Kinder spielen auch mal alle zusammen.

2) Wie heißen die Kinder? Schreibe ihre Namen auf.

Mädchennamen	Jungennamen
Julia, Anja	Jakob, Lukas
Tina, Lilli	Jonas, Max
Jule	Tom

Antworten: Richtige Aussagen erkennen

Lieblingstiere

3-Tage-Training

- Leseseite -

Mein Lieblingstier ist *ein Meerschweinchen*

Mein Haustier heißt Wuschel. Es ist flink und hat ganz kleine Ohren und kurze Beine. Es kann quieken. Das Fell ist braun, schwarz und weiß. Wuschel lebt in einem Käfig mit Sägespänen. Mein Haustier frisst gern Körner und Möhren. Es mag auch Löwenzahn und Äpfel. Jeden Tag braucht Wuschel frisches Wasser. Damit Wuschel nicht einsam ist, lebt es mit Stupsi zusammen. Das ist das Haustier meiner Schwester. Regelmäßig reinigen wir den Stall.

Mein Lieblingstier ist *ein Kater*

Mein Haustier ist ein Schmusetier, denn es sitzt gern auf meinem Schoß. Es hat ein schwarzes Fell und vier weiße Pfötchen. Es kann ganz leise schleichen. Gern schläft mein Tier auf der Fensterbank. Man kann es dann leise schnurren hören. Sein Name ist Mohrle. Im Sommer bringt Mohrle seine Beute mit ins Haus und spielt damit. Das mag Mama gar nicht gern.
Mohrle frisst Dosenfutter und Trockenfutter. Mohrle mag auch Milch, doch das ist nicht gesund, deshalb gebe ich ihm immer Wasser.

Mein Lieblingstier ist *ein Elefant*

Ich wohne in einem Hochhaus. Von unserem Balkon kann ich bis zu meiner Schule gucken. Ich habe kein Haustier, denn das ist in unserem Haus verboten. Mein Lieblingstier wohnt im Zoo. Es ist groß und grau und hat eine ganz, ganz lange Nase. Doch eigentlich heißt sie nicht Nase. Im Urwald hat mein Lieblingstier als Waldarbeiter geholfen.

Lösungen

Lieblingstiere — 3-Tage-Training
Antworten: Richtige Aussagen erkennen
- Arbeitsseite -

Kreuze alle richtigen Lösungen an und schreibe den Tiernamen über den Text.

Das Haustier ist
◯ ein Hamster. ⊗ ein Meerschweinchen. ◯ ein Kaninchen.

Die Tiere heißen
◯ Wuschel und Stipsi.
⊗ Stupsi und Wuschel.
◯ Wuschi und Stupsi.

Es frisst: ⊗ Körner und Möhren   ◯ Gemüse und Salat.
◯ Löwenzahn und Gras   ⊗ Löwenzahn und Äpfel.

Kreuze alle richtigen Lösungen an und schreibe den Tiernamen über den Text.

Das Haustier ist
◯ ein Hund. ⊗ ein Kater. ◯ ein Hase.

Das Tier hat ◯ weißes Fell und schwarze Pfötchen.
⊗ schwarzes Fell und weiße Pfötchen.

Es kann: ⊗ leise schleichen ◯ schwimmen ⊗ fressen
⊗ schnurren ⊗ jagen ⊗ schlafen

Mama mag das Tier nicht.
◯ richtig ◯ falsch ⊗ steht nicht im Text

Kreuze alle richtigen Lösungen an und schreibe den Tiernamen über den Text.

Das Lieblingstier ist
⊗ kein Haustier. ◯ ein Esel. ⊗ ein Elefant.

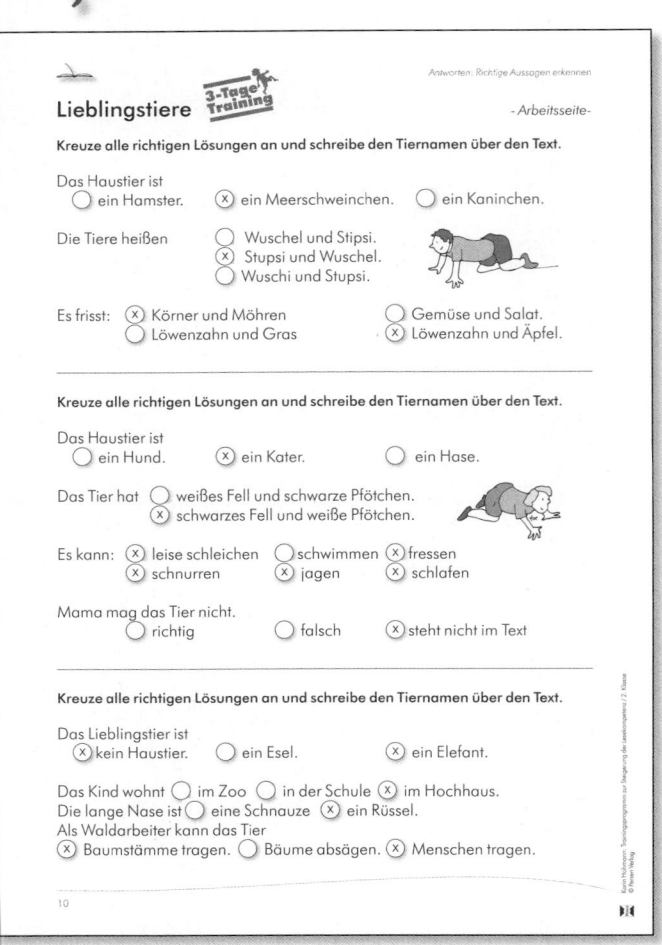

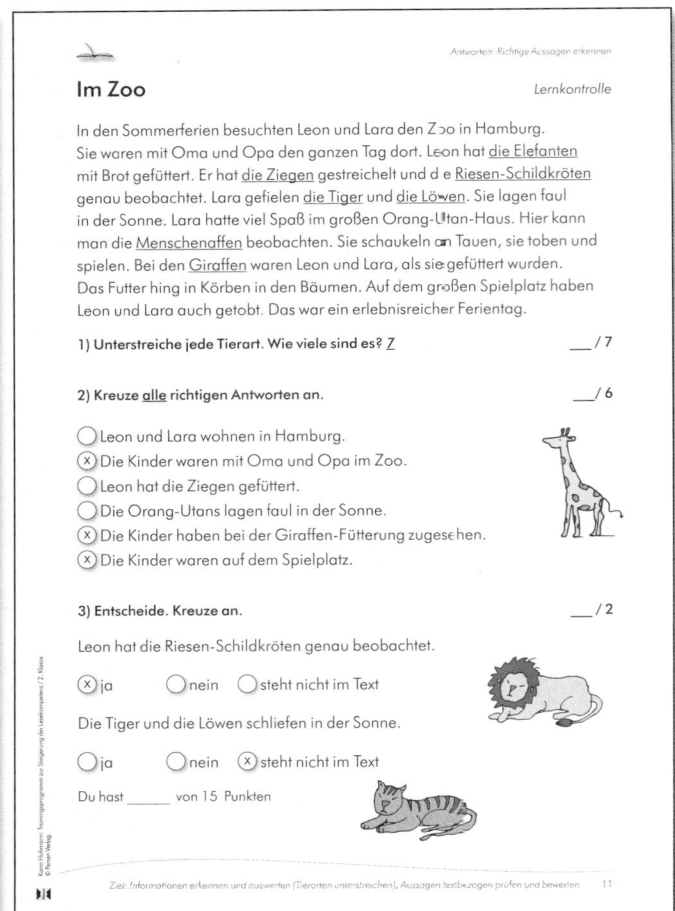

Das Kind wohnt ◯ im Zoo. ◯ in der Schule. ⊗ im Hochhaus.
Die lange Nase ist ◯ eine Schnauze. ⊗ ein Rüssel.
Als Waldarbeiter kann das Tier
⊗ Baumstämme tragen. ◯ Bäume absägen. ⊗ Menschen tragen.

Im Zoo
Antworten: Richtige Aussagen erkennen
Lernkontrolle

In den Sommerferien besuchten Leon und Lara den Zoo in Hamburg. Sie waren mit Oma und Opa den ganzen Tag dort. Leon hat <u>die Elefanten</u> mit Brot gefüttert. Er hat <u>die Ziegen</u> gestreichelt und die <u>Riesen-Schildkröten</u> genau beobachtet. Lara gefielen <u>die Tiger</u> und <u>die Löwen</u>. Sie lagen faul in der Sonne. Lara hatte viel Spaß im großen Orang-Utan-Haus. Hier kann man die <u>Menschenaffen</u> beobachten. Sie schaukeln an Tauen, sie toben und spielen. Bei den <u>Giraffen</u> waren Leon und Lara, als sie gefüttert wurden. Das Futter hing in Körben in den Bäumen. Auf dem großen Spielplatz haben Leon und Lara auch getobt. Das war ein erlebnisreicher Ferientag.

1) Unterstreiche jede Tierart. Wie viele sind es? **7**   ___/7

2) Kreuze <u>alle</u> richtigen Antworten an.   ___/6

◯ Leon und Lara wohnen in Hamburg.
⊗ Die Kinder waren mit Oma und Opa im Zoo.
◯ Leon hat die Ziegen gefüttert.
◯ Die Orang-Utans lagen faul in der Sonne.
⊗ Die Kinder haben bei der Giraffen-Fütterung zugesehen.
⊗ Die Kinder waren auf dem Spielplatz.

3) Entscheide. Kreuze an.   ___/2

Leon hat die Riesen-Schildkröten genau beobachtet.
⊗ ja   ◯ nein   ◯ steht nicht im Text

Die Tiger und die Löwen schliefen in der Sonne.
◯ ja   ◯ nein   ⊗ steht nicht im Text

Du hast ____ von 15 Punkten

Wer hat gewonnen?
Bilder und Texte vergleichen

Soeben ging der große Judo-Wettkampf zu Ende.
Sieger ist Linus.
Seine schwarzen Haare sehen ganz struppig aus.
Der Gürtel sitzt immer noch perfekt.
Stolz winkt Linus mit der rechten Hand.
Barfuß stürmt er über die Matte und will seinen Trainer umarmen.
Linus freut sich und lacht über das ganze Gesicht.

Wer ist Sieger? Male den Anzug gelb an.

Das mache ich gern
Bilder und Texte vergleichen

Die Kinder aus der Klasse 2a erzählen, was sie gern tun:

Susi mag sich gern verkleiden.
Pedro geht gern mit Oma einkaufen.
Leon liest am liebsten Bücher über Hunde.
Lina geht jeden Montag zur Jugendfeuerwehr.
Anton spielt in jeder freien Minute Fußball.
Alina malt gern, besonders gern mit Kreide.
Toni singt im Kinderchor.
Sandra spielt gern mit ihrer kleinen Schwester.
Tabea kümmert sich immer gut um ihren kleinen Hasen.

Wie heißen die Kinder? Schreibe die Namen auf.

Pedro — Toni — Sandra — Tabea — Alina — Anton — Susi — Lina — Leon

Lösungen

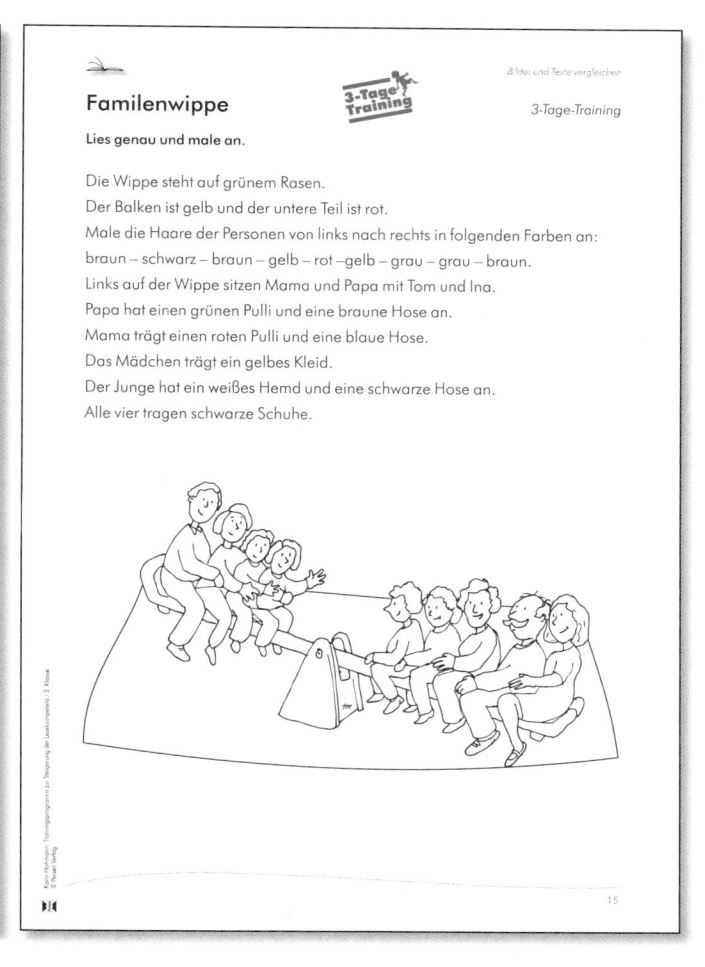

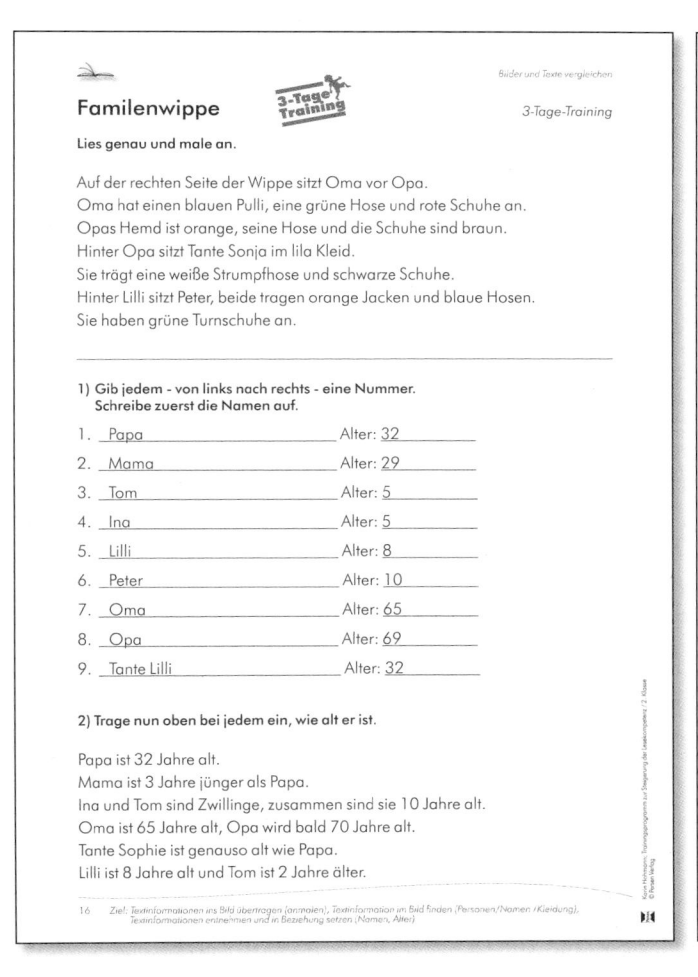

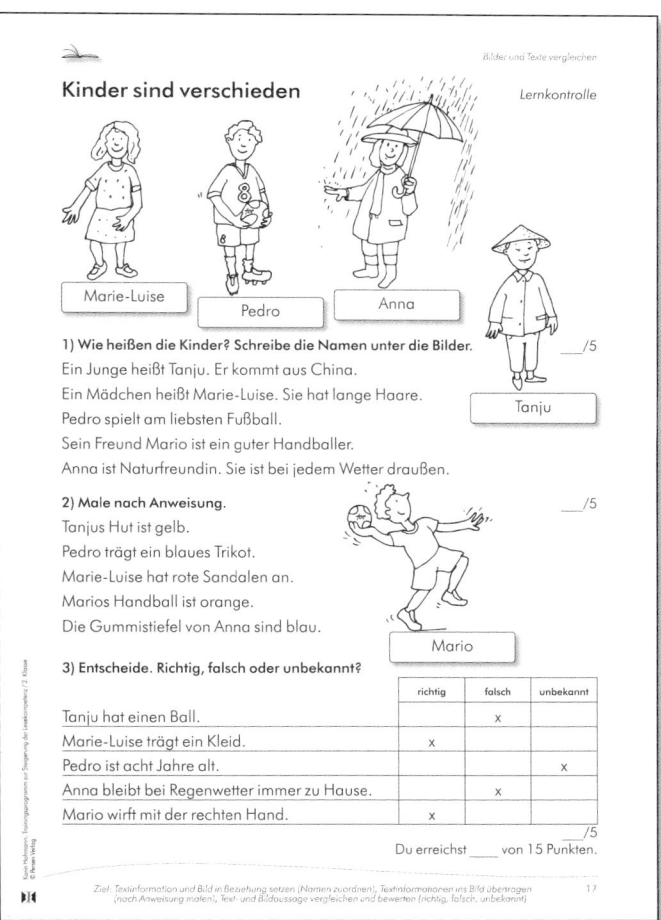

Sechs Freunde

Die Mädchen heißen Laura, Marie und Julia.
Die Jungen heißen Oskar, Carlo und Ingo.
Ingo ist der kleinste.
Er trägt eine Brille.
Laura hat ein langes Kleid an.
Sie hat eine Perlenkette um den Hals.
Mit der rechten Hand fasst sie Oskar an.
Oskar hat eine Feder am Hut.
Marie steht zwischen Laura und Ingo.
Sie hat eine Schleife in den Haaren.
Rechts und links außen stehen Julia und Carlo.
Carlo hat einen Teddybären in der rechten Hand.
Julia hat am linken Arm eine Uhr.

Schreibe zu jedem Kind den Namen. Male, was fehlt.

Carlo — Oskar — Laura — Marie — Ingo — Julia

Familenwippe — 3-Tage-Training

Lies genau und male an.

Die Wippe steht auf grünem Rasen.
Der Balken ist gelb und der untere Teil ist rot.
Male die Haare der Personen von links nach rechts in folgenden Farben an:
braun – schwarz – braun – gelb – rot –gelb – grau – grau – braun.
Links auf der Wippe sitzen Mama und Papa mit Tom und Ina.
Papa hat einen grünen Pulli und eine braune Hose an.
Mama trägt einen roten Pulli und eine blaue Hose.
Das Mädchen trägt ein gelbes Kleid.
Der Junge hat ein weißes Hemd und eine schwarze Hose an.
Alle vier tragen schwarze Schuhe.

Familenwippe — 3-Tage-Training

Lies genau und male an.

Auf der rechten Seite der Wippe sitzt Oma vor Opa.
Oma hat einen blauen Pulli, eine grüne Hose und rote Schuhe an.
Opas Hemd ist orange, seine Hose und die Schuhe sind braun.
Hinter Opa sitzt Tante Sonja im lila Kleid.
Sie trägt eine weiße Strumpfhose und schwarze Schuhe.
Hinter Lilli sitzt Peter, beide tragen orange Jacken und blaue Hosen.
Sie haben grüne Turnschuhe an.

**1) Gib jedem - von links nach rechts - eine Nummer.
Schreibe zuerst die Namen auf.**

1. Papa   Alter: 32
2. Mama   Alter: 29
3. Tom   Alter: 5
4. Ina   Alter: 5
5. Lilli   Alter: 8
6. Peter   Alter: 10
7. Oma   Alter: 65
8. Opa   Alter: 69
9. Tante Lilli   Alter: 32

2) Trage nun oben bei jedem ein, wie alt er ist.

Papa ist 32 Jahre alt.
Mama ist 3 Jahre jünger als Papa.
Ina und Tom sind Zwillinge, zusammen sind sie 10 Jahre alt.
Oma ist 65 Jahre alt, Opa wird bald 70 Jahre alt.
Tante Sophie ist genauso alt wie Papa.
Lilli ist 8 Jahre alt und Tom ist 2 Jahre älter.

Kinder sind verschieden — Lernkontrolle

Marie-Luise — Pedro — Anna — Tanju

1) Wie heißen die Kinder? Schreibe die Namen unter die Bilder. ___/5

Ein Junge heißt Tanju. Er kommt aus China.
Ein Mädchen heißt Marie-Luise. Sie hat lange Haare.
Pedro spielt am liebsten Fußball.
Sein Freund Mario ist ein guter Handballer.
Anna ist Naturfreundin. Sie ist bei jedem Wetter draußen.

2) Male nach Anweisung. ___/5

Tanjus Hut ist gelb.
Pedro trägt ein blaues Trikot.
Marie-Luise hat rote Sandalen an.
Marios Handball ist orange.
Die Gummistiefel von Anna sind blau.

Mario

3) Entscheide. Richtig, falsch oder unbekannt?

	richtig	falsch	unbekannt
Tanju hat einen Ball.		x	
Marie-Luise trägt ein Kleid.	x		
Pedro ist acht Jahre alt.			x
Anna bleibt bei Regenwetter immer zu Hause.		x	
Mario wirft mit der rechten Hand.	x		

___/5

Du erreichst ___ von 15 Punkten.

Vierlinge

Tilo — Rino — Nino — Sina

Das sind die Vierlinge von Familie Schröder.

1) Schreibe zu jedem Bild den Namen der Kinder.

Sina kneift beide Augen zu. Tilo lacht über das ganze Gesicht.
Nino kneift ein Auge zu. Rino grinst mit geschlossenem Mund.

2) Zu welchem Bild passt der Satz am besten? Schreibe hinter jedem Satz die Bildnummer auf.

„Höre gut zu, ich will dir etwas erklären." Bild 2
„Ich freue mich." Bild 1
„Lass mich mal nachdenken." Bild 3
„Mir qualmt der Kopf vor lauter Nachdenken." Bild 4

3) Kreise das Bild ein, das in Wirklichkeit nicht so aussehen kann.

4) Vier kleine Geschichten – zu welchem Bild passen sie am besten? Schreibe die Namen der Kinder auf.

| Sina sitzt am Schreibtisch und denkt: „Oh je, ist das eine schwere Aufgabe, mir qualmt schon der Kopf vor lauter Nachdenken." | Rino will seinem Freund helfen. Er hebt den Finger und sagt: „Ich weiß, wie du dein Fahrrad reparieren kannst. Pass auf, ich erkläre es dir." | „Wenn ich mit dem Hund meiner Oma spazieren gehen darf, dann freue ich mich immer sehr", lacht Tilo. | Nino fasst sich ans Kinn und meint: „Ich weiß nicht genau, welche Hausaufgaben wir machen sollen." |

Viele Füße

1) Betrachte das Bild und entscheide, ob der Satz zum Bild passt oder nicht. Kreuze an.

	🙂	🙁
Das ist eine kleine Raupe.	x	
Das ist ein kleiner Regenwurm.		x
Das kleine Tier trägt eine Mütze und hat zwei Fühler.	x	
Die Raupe kann häkeln.		x
Die Raupe kann Strümpfe stricken.	x	
Das kleine Tier hat 8 Beine.		x
Die Raupe hat 16 Beine.	x	
Es sind schon 7 Strümpfe fertig.	x	
Sie muss einen Strumpf beenden und 8 weitere stricken.	x	
Die Raupe sieht fröhlich aus.		x

2) Schreibe alle passenden Sätze in dein Heft.

3) Überlege, ob die Aussage richtig oder falsch ist. Schreibe: Richtig: R Falsch: F

In Wirklichkeit kann eine Raupe nicht stricken. R
Strümpfe kann man stricken. R
Immer zwei Strümpfe gehören zusammen. R
Raupen haben mehr als zwei Beine. R
Raupen haben keine Arme. R
Raupen tragen Mützen. F
Wollstrümpfe halten die Füße warm. R

Verlorene Liebesmüh

1) Das Bild heißt: Verlorene Liebesmüh. Was ist damit gemeint? Kreuze an.

○ Jemand hat seine Liebe verloren.
○ Jemand liebt die Mühe.
○ Jemand hat etwas verloren und sucht es.
☒ Jemand hat sich Mühe gegeben, doch die Arbeit hat sich nicht gelohnt.

2) Nur fünf Sätze passen zum Bild. Kreuze an.

○ Es ist Winter und es hat geregnet.
☒ Es ist Winter und es hat geschneit.
☒ Mit Schneeschieber und Besen säubert Herr Weber den Gehweg.
☒ Herr Schröder ist mit seinem Schneepflug unterwegs.
○ Mit dem Schneepflug schiebt er die Straße und den Gehweg frei.
☒ Der Schneepflug verschmutzt den gut geräumten Gehweg.
○ Herr Weber wird sich freuen, gleich ist er fertig.
☒ Herr Weber wird sich ärgern, gleich kann er von vorne anfangen.

3) Schreibe die passenden Sätze in dein Heft.

4) Wer denkt was? Ordne die Gedanken den beiden Männern zu.

- Oh je, der wird schimpfen.
- Gleich ist der Gehweg sauber.
- Diese Fahrspur ist wieder schneefrei.
- Oh nein, meine ganze Arbeit war umsonst.
- Vor meiner Haustür soll niemand ausrutschen.
- Das ist Pech, ich mache auch nur meine Arbeit.

Vater und Sohn

1) Finde eine Überschrift für diese Geschichte. Kreuze an.

○ Der Schlitten   ○ Vögel im Winter   ☒ Der Vogelhaus-Schlitten

2) Nummeriere die Sätze, sodass sie zur Bildfolge passen.

⑥ Nun ist aus dem Schlitten ein überdachtes Vogelhäuschen geworden.
① Vater und Sohn bauen einen Schlitten.
⑤ Vater nimmt die Säge und baut etwas Neues.
③ Rums, sie stürzen und der Schlitten zerbricht.
④ Wütend und enttäuscht tragen Vater und Sohn alle Bruchstücke nach Hause.
② Auf dem Rodelberg legt Vater sich mit dem Bauch auf den Schlitten und der Sohn setzt sich auf Vaters Rücken.

3) Schreibe die Geschichte in dein Heft und setze an der richtigen Stelle ein, was Vater und Sohn sagen.

Der Sohn lacht: „So ein Vogelhäuschen hat nicht jeder."   Nach Satz 6
Der Vater schimpft: „Ich fahre nie wieder Schlitten."   zw. 3 und 4 oder zw. 4 und 5

Lösungen

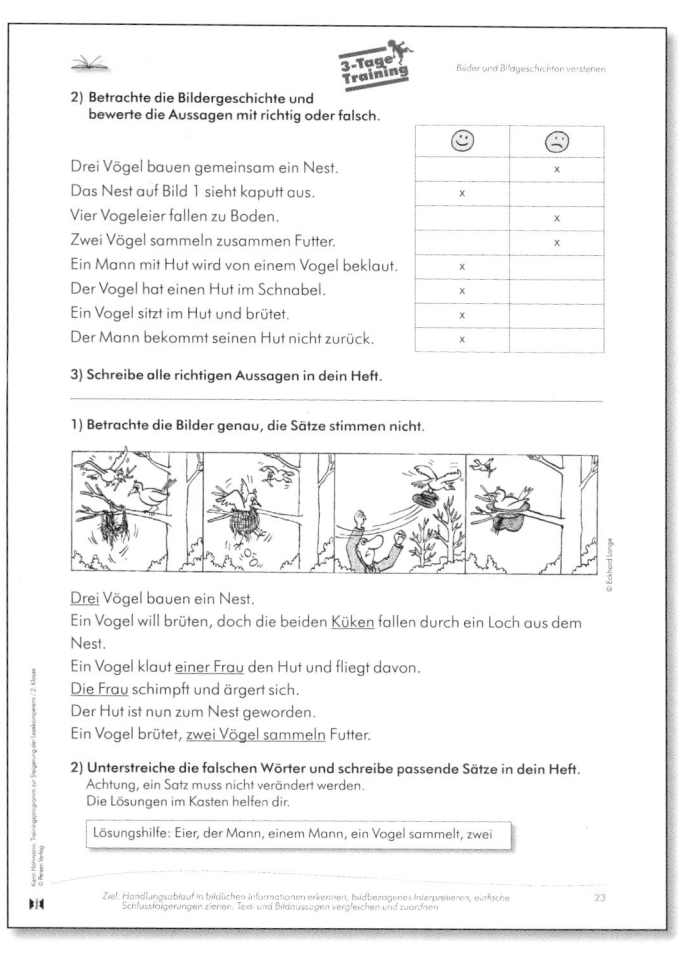

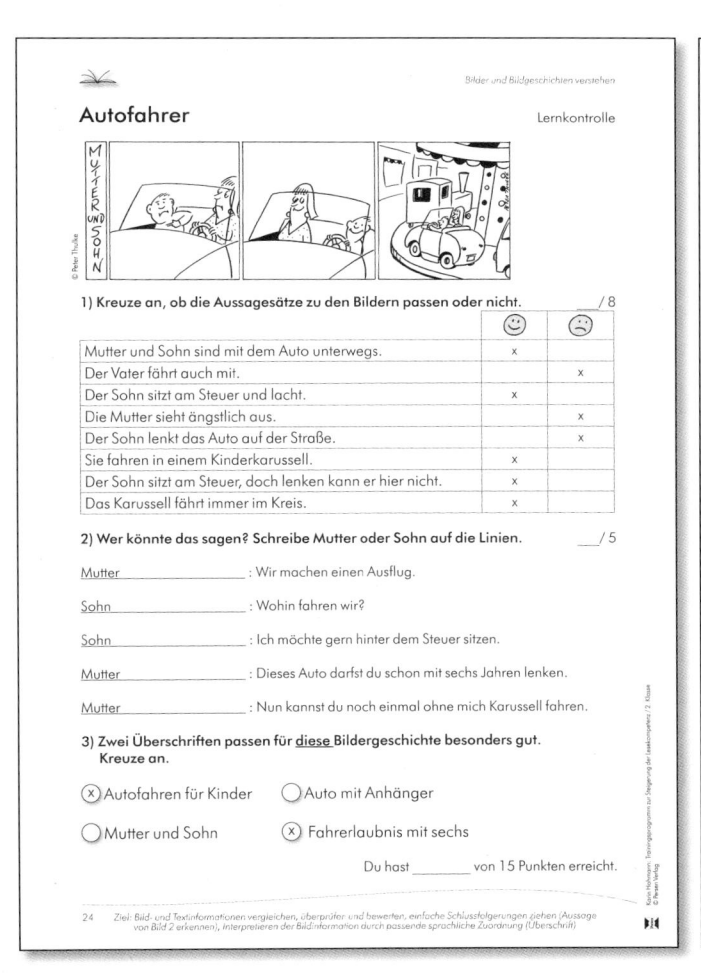

Nestbau

1) Zu jedem Bild gehören zwei Sätze. Nummeriere von 1 bis 8.

(2) Ein Vogelpaar sammelte Zweige für den Nestbau.
(4) Als die Vogelmutter brütete, brach es auseinander und die Eier fielen zu Boden.
(1) Es war ein kühler Frühlingstag.
(6) Er klaute einem Spaziergänger den Hut vom Kopf.
(7) Bald klemmte der Hut in einer Astgabel.
(8) Die Vogelmutter setzte sich ins Hutnest und brütete.
(5) Der Vogelvater baute das Nest dieses Mal besser.
(3) Doch das Nest wurde nicht stabil genug.

2) Schreibe die Geschichte in dein Heft.

1) Wer sagt was? Ordne die Sprechblasen zu und schreibe die Sätze wie im Beispiel auf.

Die Vogelmutter forderte: „Wir brauchen ein stabileres Nest."
Der Vogelvater dachte: „Womit soll ich ein neues Nest bauen?"
Der Mann schimpfte: „Halt, das ist mein Hut."
Der Vogelvater erklärte: „Ich baue für uns ein Hutnest."
Der Mann fragte sich: „Wofür braucht ein Vogel einen Hut?"
Die Vogelmutter zwitscherte: „Dieses Hutnest ist sehr gelungen."

---

2) Betrachte die Bildergeschichte und bewerte die Aussagen mit richtig oder falsch.

	☺	☹
Drei Vögel bauen gemeinsam ein Nest.		x
Das Nest auf Bild 1 sieht kaputt aus.	x	
Vier Vogeleier fallen zu Boden.		x
Zwei Vögel sammeln zusammen Futter.		x
Ein Mann mit Hut wird von einem Vogel beklaut.	x	
Der Vogel hat einen Hut im Schnabel.	x	
Ein Vogel sitzt im Hut und brütet.	x	
Der Mann bekommt seinen Hut nicht zurück.	x	

3) Schreibe alle richtigen Aussagen in dein Heft.

1) Betrachte die Bilder genau, die Sätze stimmen nicht.

<u>Drei</u> Vögel bauen ein Nest.
Ein Vogel will brüten, doch die beiden <u>Küken</u> fallen durch ein Loch aus dem Nest.
Ein Vogel klaut <u>einer Frau</u> den Hut und fliegt davon.
<u>Die Frau</u> schimpft und ärgert sich.
Der Hut ist nun zum Nest geworden.
Ein Vogel brütet, <u>zwei Vögel</u> sammeln Futter.

2) Unterstreiche die falschen Wörter und schreibe passende Sätze in dein Heft.
Achtung, ein Satz muss nicht verändert werden.
Die Lösungen im Kasten helfen dir.

> Lösungshilfe: Eier, der Mann, einem Mann, ein Vogel sammelt, zwei

---

Autofahrer

Lernkontrolle

1) Kreuze an, ob die Aussagesätze zu den Bildern passen oder nicht. /8

	☺	☹
Mutter und Sohn sind mit dem Auto unterwegs.	x	
Der Vater fährt auch mit.		x
Der Sohn sitzt am Steuer und lacht.	x	
Die Mutter sieht ängstlich aus.		x
Der Sohn lenkt das Auto auf der Straße.		x
Sie fahren in einem Kinderkarussell.	x	
Der Sohn sitzt am Steuer, doch lenken kann er hier nicht.	x	
Das Karussell fährt immer im Kreis.	x	

2) Wer könnte das sagen? Schreibe Mutter oder Sohn auf die Linien. /5

Mutter: Wir machen einen Ausflug.
Sohn: Wohin fahren wir?
Sohn: Ich möchte gern hinter dem Steuer sitzen.
Mutter: Dieses Auto darfst du schon mit sechs Jahren lenken.
Mutter: Nun kannst du noch einmal ohne mich Karussell fahren.

3) Zwei Überschriften passen für diese Bildergeschichte besonders gut. Kreuze an.

(x) Autofahren für Kinder   ( ) Auto mit Anhänger
( ) Mutter und Sohn   (x) Fahrerlaubnis mit sechs

Du hast _____ von 15 Punkten erreicht.

April! April!

1) Lies die Sätze und unterstreiche das falsche Verb (Tuwort).

Ich <u>pflanze</u> die Vögel.
Ich <u>höre</u> eine warme Jacke.
Ich <u>trage</u> grüne Blätter.
Ich <u>pflücke</u> den kalten Wind.
Ich <u>spüre</u> die ersten Stiefmütterchen.

2) Setze die Verben nun so ein, dass passende Sätze entstehen.

Im April

Ich _höre_ die Vögel.
Ich _trage_ eine warme Jacke.
Ich _pflücke_ grüne Blätter.
Ich _spüre_ den kalten Wind.
Ich _pflanze_ die ersten Stiefmütterchen.

3) Wie muss es richtig heißen? Streiche das falsche Wort durch.

Der Frühling ist ~~sind~~ da

Die Vögel ~~kauen~~ bauen Nester.
Sie sammeln ~~summen~~ Moos und Blätter.
Das Nest muss ~~reich~~ weich sein.
Die Vogelmutter legt ~~fegt~~ die Eier hinein.
Die Sonne ~~wacht~~ lacht am Himmel.
Kinder ~~loben~~ toben wieder im Garten.
Der Frühling vertreibt ~~verbleibt~~ den Winter.

4) Schreibe die richtigen Sätze in dein Heft.

Lösungen

Eine neue Eiszeit beginnt

1) Lies den Text zuerst genau.

Eine neue <u>Eiszeit</u> beginnt

Am 21. März fängt <u>der Winter</u> an.
<u>Der Mond</u> scheint immer wärmer.
In den <u>Häusern</u> fängt es an zu blühen.
Die ersten Schneeglöckchen stecken ihre <u>Füße</u> aus der Erde.
Die <u>Katzen</u> bauen Nester.
Die Igel sind aus dem <u>Sommerschlaf</u> erwacht.

2) In jedem Satz steht ein falsches Nomen (Namenwort). Unterstreiche.

3) Setze die Nomen so ein, dass passende Sätze entstehen.
Die Wörter im Kasten helfen dir.

> Sonne – Jahreszeit – Winterschlaf – Frühling – Gärten – Köpfe – Vögel

Eine neue _Jahreszeit_ beginnt

Am 21. März fängt der _Frühling_ an.

Die _Sonne_ scheint immer wärmer.

In den _Gärten_ fängt es an zu blühen.

Die ersten Schneeglöckchen stecken ihre _Köpfe_ aus der Erde.

Die _Vögel_ bauen Nester.

Die Igel sind aus dem _Winterschlaf_ erwacht.

4) Schreibe den Text in dein Heft.

In der Stadtbücherei

1) Lies den Text zuerst genau.

In der Bücherei gibt es <u>keine</u> Bücher.
In den Regalen ist <u>nichts</u> sortiert.
Wer etwas sucht, soll es <u>langsam</u> finden.
Wer etwas ausleihen möchte, <u>verschenkt</u> seinen Leihausweis.
Wer Hilfe braucht, <u>malt</u> die Mitarbeiter der Bücherei.
Oft haben <u>Bäckereien</u> auch Leseecken.
Hier kannst du <u>unbequem</u> sitzen und in Ruhe lesen.
Wer lesen kann und gern liest, kann <u>wenig</u> Neues entdecken.

2) In jedem Satz steht ein falsches Wort. Unterstreiche.

3) Setze nun passende Wörter ein.
Wenn du nicht weiterkommst, helfen dir die Wörter im Kasten.

In der Stadtbücherei

In der Bücherei gibt es _viele_ Bücher.

In den Regalen ist _alles_ sortiert.

Wer etwas sucht, soll es _schnell_ finden.

Wer etwas ausleihen möchte, _zeigt_ seinen Leihausweis.

Wer Hilfe braucht, _fragt_ die Mitarbeiter der Bücherei.

Oft haben _Büchereien_ auch Leseecken.

Hier kannst du _bequem_ sitzen und in Ruhe lesen.

Wer lesen kann und gern liest, kann _viel_ Neues entdecken.

> Büchereien - fragt - viele - alles - schnell - zeigt - bequem - viel

---

Madita kennt sich aus

1) Lies den Text zuerst genau.

Madita hat einen kleinen <u>Mund</u> bekommen. Er kann laut bellen und schnell <u>kaufen</u>. Ein <u>Maustier</u> macht viel Arbeit. Madita muss <u>schlecht</u> Bescheid wissen, wie ein <u>Mund</u> gepflegt wird. Sie hat im <u>Tuch</u> gelesen, was er <u>raucht</u>. Er frisst <u>Vogelfutter</u> und trinkt <u>Saft</u>. Er muss auch einen <u>Schlafsack</u> haben.

2) Unterstreiche nun die falschen Wörter.

3) Schreibe auf, wie die Wörter richtig heißen müssten.

1. _Hund_   2. _laufen_
3. _Haustier_   4. _gut_
5. _Hund_   6. _Buch_
7. _braucht_   8. _Hundefutter_
9. _Wasser_   10. _Schlafplatz_

4) Schreibe den richtigen Text in dein Heft.

Meine fünf Sinne

3-Tage-Training

1) Lies den Text genau.

Mit den Augen kann ich <u>fühlen</u>. Ich <u>fühle</u> die rote Ampel.
Mit den Händen kann ich <u>riechen</u>. Ich <u>rieche</u> den spitzen Stein.
Mit den Ohren kann ich <u>schmecken</u>. Ich <u>schmecke</u> die laute Musik.
Mit der Zunge kann ich <u>hören</u>. Ich <u>höre</u> das süße Eis.
Mit der Nase kann ich <u>sehen</u>. Ich <u>sehe</u> die frische Seife.

2) Unterstreiche die falschen Verben. Schreibe alle Sätze richtig auf.

Das kann mein Körper

Meine Zähne können <u>denken</u>. Ich _beiße_ in den Apfel.

Meine Beine können <u>winken</u>. Ich _springe_ über den Zaun.

Meine Hände können <u>knurren</u>. Ich _winke_ dir zu.

Mein Magen kann <u>springen</u>. Er _knurrt_ vor Hunger.

Mein Kopf kann <u>beißen</u>. Ich _denke_ an die Ferien.

Unterstreiche die falschen Verben und setze passende Verben in die Lücken ein. Schreibe alle Sätze richtig auf.

Vom Schmecken

Der <u>Apfel</u> schmeckt bitter.

Die <u>Zitrone</u> schmeckt salzig.

Die <u>Bohnensuppe</u> schmeckt süß.

Die <u>Medizin</u> schmeckt sauer.

> der Käse, die Schokolade,
> der Essig, die Salami, die Gurke,
> die Pampelmuse, das Eis,
> die alte Nuss

**Unterstreiche die falschen Nomen.
Wie schmeckt was? Bilde 12 richtige Sätze.**

Lösungen

Das schmeckt!

Fehlwörter: Falsche Wörter finden
Lernkontrolle

1) Unterstreiche in jedem Satz das falsche Wort.

1. Adrian <u>mäht</u> gern Pizza mit Käse.
2. Opa isst gern Würstchen mit <u>Sahne</u>.
3. Mama <u>hackt</u> oft Kuchen mit Rosinen.
4. Selina belegt ihr Schulbrot mit Salat und <u>Durst</u>.
5. Ihre Freundin hat immer eine <u>Tasche</u> mit Apfelsaft dabei.
6. Papa geht jeden <u>Mond</u> in der Kantine essen.
7. In vielen Schulen kann man ein Essen <u>klauen</u>.
8. Viel zu <u>winken</u> ist für den Körper wichtig.   (__/8)

2) Schreibe für jeden Satz ein neues Wort auf, um das falsche zu ersetzen. Schlage die Rechtschreibung im Wörterbuch nach.

1. mag / isst
2. Senf / Ketchup
3. backt / kauft
4. Wurst / Käse
5. Flasche, Dose, Tüte
6. Tag, Montag
7. kaufen, kochen
8. trinken

(mehrere Lösungen möglich)   (__/8)

Du hast ____ von 16 Punkten erreicht.

Märchenstunde

Synonyme: Wörter mit ähnlicher Bedeutung erkennen

1) Verbinde Wörter mit ähnlicher Bedeutung.

nett	hübsch
schön	freundlich
arbeiten	zum Schluss
am Ende	schuften
befreien	berichten
erzählen	erlösen

2) Lies den Text und unterstreiche in jedem Satz ein Wort aus der linken Spalte.

Märchenstunde

Märchen <u>erzählen</u> oft von lieben und von bösen Menschen.

Es gibt Märchen mit <u>schönen</u> und hässlichen Prinzessinnen.

Manchmal <u>arbeiten</u> arme Kinder für Erwachsene.

Hexen, Zwerge und Zauberer können <u>nett</u> oder gemein sein.

Oft kommt ein Prinz und <u>befreit</u> eine Prinzessin.

<u>Am Ende</u> wird fast immer das Böse besiegt.

3) Verändere den Text nun mit den Wörtern aus der rechten Spalte. Schreibe im Heft.

Märchenstunde

Märchen <u>berichten</u> oft von ...

Petras Haustiere

Synonyme: Wörter mit ähnlicher Bedeutung erkennen

1) Verbinde Wörter mit ähnlicher Bedeutung.

einige	winzig
klein	mehrere
laufen	schlafen
übernachten	rennen
beide	hausen
wohnen	riesig
lieben	zwei
groß	exakt
genau	mögen

2) Lies den Text und unterstreiche die Wörter aus der linken Spalte im Text.

Petra hat <u>einige</u> Haustiere.

Ein <u>kleiner</u> Hamster <u>läuft</u> gern in seinem Hamsterrad.

Ein <u>großer</u> Hund <u>übernachtet</u> im Flur.

Die <u>beiden</u> Meerschweinchen <u>wohnen</u> in einem Stall.

Petras Katze <u>liebt</u> den Platz auf der Fensterbank.

Wie viele Tiere hat Petra? Richtig, es sind <u>genau</u> [5] Tiere.

3) Verändere den Text nun mit den Wörtern aus der rechten Spalte. Schreibe im Heft.

Petra hat <u>mehrere</u> Haustiere.

Traurige Polizisten

Synonyme: Wörter mit ähnlicher Bedeutung erkennen

1) Lies die Texte. Sie sind sehr ähnlich. Unterstreiche die Wörter mit fast gleicher Bedeutung.

Text 1: Traurige Polizisten
Zwei Polizisten stehen <u>weinend</u> am Straßenrand. <u>Endlich</u> geht eine Frau zu ihnen und fragt: „Warum <u>weinen</u> Sie denn?" Da <u>jammert</u> der eine: „Unser Hund Bello ist davongelaufen". <u>Nun</u> meint die Dame: „Er wird <u>sicher</u> wieder nach Hause finden." <u>Sofort</u> antwortet der Polizist: „Aber wir nicht ..."

Text 2: Traurige Polizisten
Zwei Polizisten stehen <u>schluchzend</u> am Straßenrand. <u>Schließlich</u> geht eine Frau zu ihnen und fragt: „Warum <u>heulen</u> Sie denn?" Da <u>schluchzt</u> der eine: „Unser Hund Bello ist davongelaufen". <u>Jetzt</u> meint die Dame: „Er wird <u>bestimmt</u> wieder nach Hause finden." <u>Gleich</u> antwortet der Polizist: „Aber wir nicht ..."

2) Schreibe die Wörter paarweise auf.

Text 1
1. weinend
2. endlich
3. weinen
4. jammert
5. nun
6. sicher
7. sofort

Text 2
1. schluchzend
2. schließlich
3. heulen
4. schluchzt
5. jetzt
6. bestimmt
7. gleich

3) Und worin liegt der Witz? Erkläre.

Die Polizisten weinen nicht um den Hund, sondern weil sie sich verlaufen haben.

Lösungen

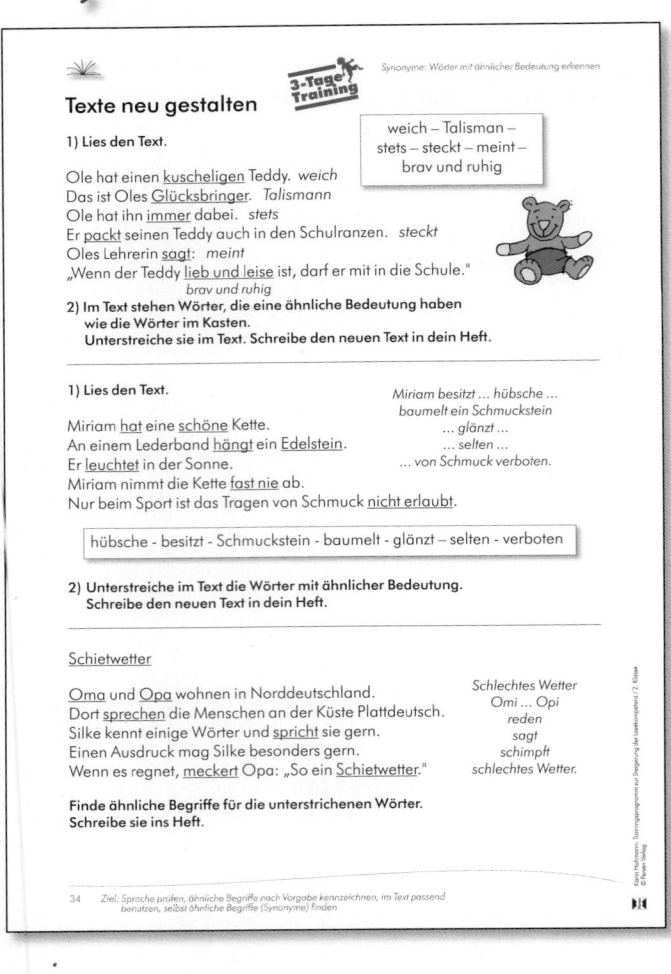

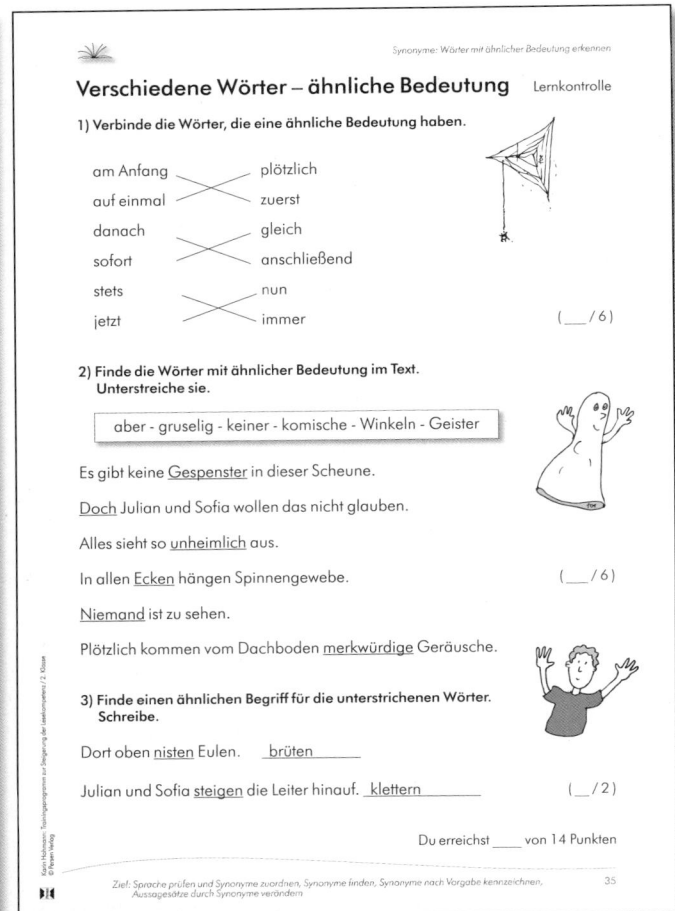

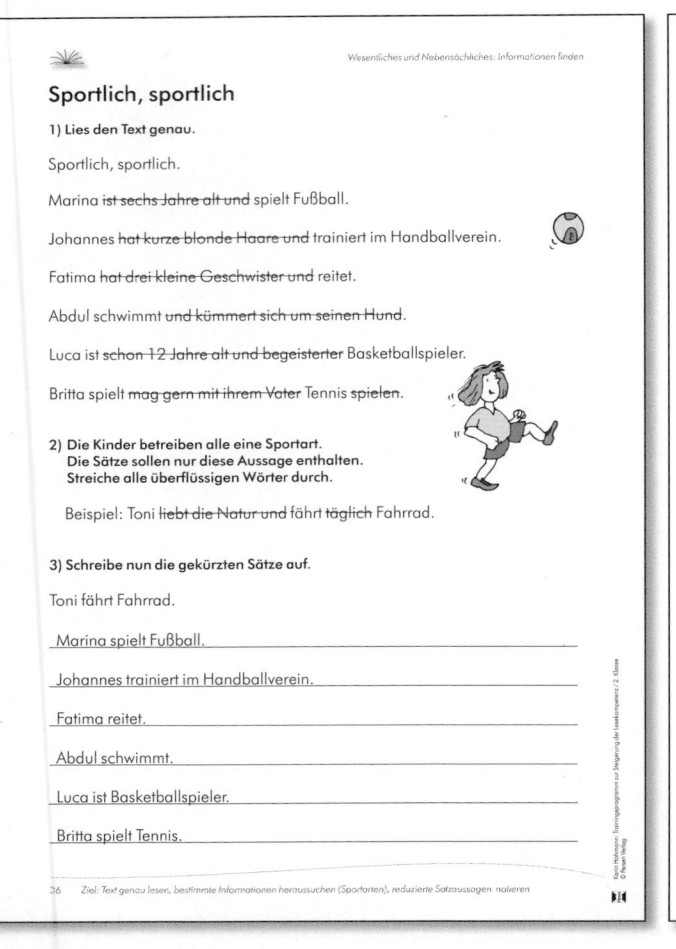

Texte neu gestalten
3-Tage-Training

Synonyme: Wörter mit ähnlicher Bedeutung erkennen

1) Lies den Text.

weich – Talisman – stets – steckt – meint – brav und ruhig

Ole hat einen kuscheligen Teddy. *weich*
Das ist Oles Glücksbringer. *Talismann*
Ole hat ihn immer dabei. *stets*
Er packt seinen Teddy auch in den Schulranzen. *steckt*
Oles Lehrerin sagt: *meint*
„Wenn der Teddy lieb und leise ist, darf er mit in die Schule."
brav und ruhig

2) Im Text stehen Wörter, die eine ähnliche Bedeutung haben wie die Wörter im Kasten.
Unterstreiche sie im Text. Schreibe den neuen Text in dein Heft.

---

1) Lies den Text.

Miriam hat eine schöne Kette.
An einem Lederband hängt ein Edelstein.
Er leuchtet in der Sonne.
Miriam nimmt die Kette fast nie ab.
Nur beim Sport ist das Tragen von Schmuck nicht erlaubt.

Miriam besitzt ... hübsche ...
baumelt ein Schmuckstein
... glänzt ...
... selten ...
... von Schmuck verboten.

hübsche - besitzt - Schmuckstein - baumelt - glänzt – selten - verboten

2) Unterstreiche im Text die Wörter mit ähnlicher Bedeutung.
Schreibe den neuen Text in dein Heft.

Schietwetter

Oma und Opa wohnen in Norddeutschland.
Dort sprechen die Menschen an der Küste Plattdeutsch.
Silke kennt einige Wörter und spricht sie gern.
Einen Ausdruck mag Silke besonders gern.
Wenn es regnet, meckert Opa: „So ein Schietwetter."

Schlechtes Wetter
Omi ... Opi
reden
sagt
schimpft
schlechtes Wetter.

Finde ähnliche Begriffe für die unterstrichenen Wörter.
Schreibe sie ins Heft.

Verschiedene Wörter – ähnliche Bedeutung
Lernkontrolle

Synonyme: Wörter mit ähnlicher Bedeutung erkennen

1) Verbinde die Wörter, die eine ähnliche Bedeutung haben.

am Anfang — plötzlich
auf einmal — zuerst
danach — gleich
sofort — anschließend
stets — nun
jetzt — immer

(___/ 6)

2) Finde die Wörter mit ähnlicher Bedeutung im Text.
Unterstreiche sie.

aber - gruselig - keiner - komische - Winkeln - Geister

Es gibt keine Gespenster in dieser Scheune.

Doch Julian und Sofia wollen das nicht glauben.

Alles sieht so unheimlich aus.

In allen Ecken hängen Spinnengewebe.

Niemand ist zu sehen.

Plötzlich kommen vom Dachboden merkwürdige Geräusche.

(___/ 6)

3) Finde einen ähnlichen Begriff für die unterstrichenen Wörter.
Schreibe.

Dort oben nisten Eulen.   _brüten_

Julian und Sofia steigen die Leiter hinauf.   _klettern_

(___/ 2)

Du erreichst ____ von 14 Punkten

Sportlich, sportlich

Wesentliches und Nebensächliches: Informationen finden

1) Lies den Text genau.

Sportlich, sportlich.

Marina ~~ist sechs Jahre alt und~~ spielt Fußball.

Johannes ~~hat kurze blonde Haare und~~ trainiert im Handballverein.

Fatima ~~hat drei kleine Geschwister und~~ reitet.

Abdul schwimmt ~~und kümmert sich um seinen Hund~~.

Luca ist ~~schon 12 Jahre alt und~~ begeisterter Basketballspieler.

Britta ~~spielt~~ ~~mag gern mit ihrem Vater~~ Tennis ~~spielen~~.

2) Die Kinder betreiben alle eine Sportart.
Die Sätze sollen nur diese Aussage enthalten.
Streiche alle überflüssigen Wörter durch.

Beispiel: Toni ~~liebt die Natur und~~ fährt ~~täglich~~ Fahrrad.

3) Schreibe nun die gekürzten Sätze auf.

Toni fährt Fahrrad.

Marina spielt Fußball.

Johannes trainiert im Handballverein.

Fatima reitet.

Abdul schwimmt.

Luca ist Basketballspieler.

Britta spielt Tennis.

Besuch im Garten

Wesentliches und Nebensächliches: Informationen finden

Leonie und Karla spielen im Garten. Sie schaukeln, sie graben in der Sandkiste und sie spielen Verstecken. Plötzlich raschelt es unter der Hecke. Als die Kinder genau hinsehen, entdecken sie ein Tier. Das Tier hat runde schwarze Augen. Die Kinder sind ganz leise und beobachten es. Die Nase ist spitz. Leonie beugt sich etwas nach vorn. Nun kann sie besser gucken. Es sieht aus wie eine stachelige Kugel. Plötzlich kommt Mama in den Garten. Schnell richtet sich der kleine Gartenbewohner auf. Die Stacheln sind gelb-braun. Schwups ist er weg und nicht mehr zu sehen. Er hat kurze Beine und kann schnell laufen.

1) Unterstreiche mit grün die Sätze, die Informationen über das Tier enthalten.

2) Schreibe die Sätze, die Informationen enthalten, in dein Heft.

3) Welches Tier beobachten die Kinder?

Sie beobachten _einen Igel_

4) Wie sollte sich jemand verhalten, der Tiere beobachten will?
Schreibe den passenden Satz aus dem Text auf.

Die Kinder sind ganz leise und beobachten es.

5) Was möchtest du noch über das Tier wissen? Schreibe 3 Fragen auf.

Mögliche Fragen:

Was frisst ein Igel? Wie alt werden Igel? Legen Igel Eier?

Wieviele Junge bekommt ein Igel? Können Igel schwimmen?

Antworten dürfen <u>nicht</u> im Text zu finden sein!

Lösungen

Luisa geht ins Theater

Am Sonntag hat Familie Schröder ein Kindertheater besucht.
Mama und Papa wollten Luisa mit einem Märchen überraschen.
<u>Das Märchen handelte von einer Hexe und zwei Kindern.</u>
Als der Vorhang aufging, klatschten alle Zuschauer.
Auf der Bühne waren ein Wald zu sehen und ein altes Haus.
<u>Die Kinder hatten sich im Wald verirrt.</u>
Luisa kannte das Märchen, weil Oma ein Märchenbuch hat.
<u>Die böse Hexe wollte den Jungen braten.</u>
Das fand Luisa unheimlich.
<u>Doch die Schwester konnte den Jungen befreien.</u>
<u>Am Ende waren die Kinder reich und glücklich.</u>

1) Unterstreiche die fünf Sätze, die etwas über den Inhalt des Märchens erzählen.

2) Schreibe die Sätze in dein Heft.

3) Welches Märchen könnte das sein?
   ○ Das weiß ich nicht.
   ⊗ Es heißt _Hänsel und Gretel_

4) Luisa kennt das Märchen, denn…
   ○ … sie war schon einmal im Theater.
   ○ … Mama hat es ihr vorgelesen.
   ○ … Papa hat ihr ein Märchenbuch geschenkt.
   ⊗ … Oma besitzt ein Märchenbuch.

5) Kreuze an, was du aus dem Text erfährst.
   ⊗ Die Eltern wollten Luisa überraschen.
   ○ Luisa hat sich sehr gefreut.
   ⊗ In dem Theaterstück spielte eine Hexe mit.
   ○ Sie wohnte in einem Knusperhäuschen.

Der Drache mit den roten Augen

Im Stall lag die große Sau im Stroh und
hatte zehn Ferkelchen und einen Drachen geboren.
Die zehn kleinen Ferkelchen drängelten sich um sie herum.
In der Ecke stand der kleine Drache.
Er sah grün aus und hatte böse Augen.
Die Sau gewöhnte sich an ihr Drachenkind,
aber nicht daran, dass der Drache sie biss, wenn er trinken wollte.
So musste der kleine Drache von Kindern gefüttert werden.
Sie brachten ihm kleine Kerzenstummel, Schnüre, Korken und
alles, was Drachen gern fressen.

1) Der Text gibt dir Informationen über den Drachen.

So sieht er aus: _Er sah grün aus und hatte böse Augen._

Seine Mutter war _eine (große) Sau._

Wenn er trinken wollte, _biss er die Sau (Mutter)._

Er fraß gern _Kerzenstummel, Schnüre, Korken._

2) Bewerte die Aussagen mit richtig oder falsch.

	☺	☹
Ferkel sind Säugetiere.	x	
Ferkel trinken Muttermilch.	x	
Eine Sau kann ein Drachenkind bekommen.		x
Drachen sind Fantasiefiguren.	x	

Das ist wichtig!

3-Tage-Training

Jeder kann etwas

Julius ~~wohnt in Hamburg und~~ kann segeln.
Selina ~~ist acht Jahre alt und~~ kann einen Kopfsprung.
Max ~~aus München~~ kennt viele Vogelarten.
Petra ~~ist die Tochter eines Musikers und~~ kann Gitarre spielen.
Fredrik ~~geht gern zum Turnen und~~ kann einen Kopfstand.
~~Bei Oma hat~~ Tina ~~etwas Neues gelernt, sie~~ kann ~~nun~~ stricken.

Lies den Text. Was können die Kinder? Streiche alle überflüssigen Informationen weg. Schreibe die gekürzten Sätze ins Heft.

Wohin geht die Reise?

Cindy fährt ~~in der nächsten Woche mit ihrer Oma~~ nach Berlin.
Die Klasse 2a will ~~nächstes Jahr~~ an die Nordsee fahren.
Oma und Opa fliegen ~~im Herbst~~ nach Mallorca.
Bo und Tom zelten ~~in den Sommerferien~~ am Bodensee.
Mama reist ~~mit dem Zug und ihrer Freundin~~ nach Köln.
Papa fährt ~~jedes Jahr zum Bergsteigen~~ in die Alpen.

Lies den Text. Wohin geht die Reise? Streiche alle überflüssigen Informationen weg. Schreibe die gekürzten Sätze ins Heft.

Lieblingsgerichte

Peter isst ~~mindestens einmal in der Woche~~ Nudeln mit Tomatensoße.
Susanne kocht ~~heute mit ihrer Freundin~~ Gemüsesuppe.
Papa ~~steht im Garten und~~ grillt leckere Bratwürstchen.
Oma backt ~~jeden Sonntag für die Familie~~ einen Marmorkuchen.
Opa ~~kocht und backt nicht so gern,~~ er schwärmt für Käsebrote.

**Lies den Text. Was gibt es zu essen?
Streiche alle überflüssigen Informationen weg.**

Tiere brauchen Futter

Lernkontrolle

Peter kauft ~~heute im Zoogeschäft~~ Trockenfutter für seine Katze.
Janne füttert den Hund ~~von Oma und Opa~~ mit Dosenfutter.
Berit pflückt für ihr Kaninchen ~~täglich~~ Löwenzahn ~~am Wiesenrand~~.
Die Wüstenrennmäuse von Mia fressen ~~in ihrem Käfig~~ Nagerfutter.
Andy ~~pfeift ein Lied und~~ versorgt seinen Papagei mit frischem Obst.
Melina ~~sitzt in der Küche und~~ gibt ihrem Hamster eine Nuss.

1) Streiche alle Wörter weg, die nicht nötig sind, um etwas über das Futter der Tiere zu erfahren.

Du erreichst _____ von 12 Punkten.

2) Schreibe den gekürzten Text auf.

Du schreibst _____ von _____ Wörtern richtig.
2 Punkte für jeden richtig gekürzten /gestrichenen Satz

Lösungen

Gute Reise

Ordnen von Aussagen

1) Lies aufmerksam.

Katinka will verreisen

(2) Sie stellt ihn mitten ins Zimmer.
(1) Zuerst holt Katinka ihren Koffer.
(5) Nein, der kommt nicht in den Koffer.
(4) Hose, Pulli, Socken, Kuschelhase.
(3) Nun überlegt sie, was sie einpacken muss:

2) Schreibe Zahlen vor die Sätze, sodass die Reihenfolge stimmt.
   Schreibe die geordneten Sätze in dein Heft.

3) Kreise die Überschrift ein, die deiner Ansicht nach am besten passt. Begründe.

  Es wird von Katinka erzählt, was sie als Reisevorbereitung alles macht.

4) Prüfe am Text und entscheide:

	😊	☹	❓
Katinkas Kuscheltier ist ein Hase.	x		
Katinka packt Hose und Pulli ein.	x		
Katinka will ihre Tante besuchen.			x
Ohne Zahnbürste kann man nicht verreisen.		x	
Katinka verreist mit dem Zug.			x

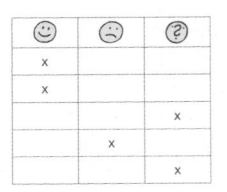

Der Tag beginnt

Ordnen von Aussagen

> Zahnpasta und auch Seife benutzen.
> die brauchst du das ganze Jahr.
> Jetzt noch frische Kleidung an,
> Das Frühstück solltest du nicht vergessen:

1) Vervollständige das Gedicht.

Körperpflege, das ist klar,
  die brauchst du das ganze Jahr.
Waschen, kämmen, Zähne putzen, 
  Zahnpasta und auch Seife benutzen.
  Jetzt noch frische Kleidung an,
damit der Tag sauber beginnen kann.
  Das Frühstück solltest du nicht vergessen:
Dazu gehören trinken und essen.

2) Schreibe die Reimpaare auf.

klar   - Jahr
putzen   - benutzen
an   - kann
vergessen   - essen

3) Kreuze alle Überschriften an, die passen könnten.

◯ Müsli zum Frühstück
☒ Morgens
☒ Was der Körper braucht
☒ Sauber und gesund in den Tag
◯ Frühstück fehlt

Wochenprogramm

Ordnen von Aussagen

1) Lies die Sätze aufmerksam.

(2) Jeden Dienstag machen sie gemeinsam Hausaufgaben.
(7) Caroline und Simon machen jeden Sonntag das Frühstück.
(5) Wenn Freitag ist, hat Simon keine Hausaufgaben auf.
(3) Am Mittwoch kochen die beiden in der Schule.
(1) Am Montag gehen Caroline und Simon zum Kinderturnen.
(4) Am Donnerstag geht Caroline zum Schwimmkurs.
(6) Papa holt am Samstag immer Brötchen.

2) Schreibe Zahlen vor die Sätze, sodass die Reihenfolge der Wochentage stimmt.
   Sonntag soll zuletzt kommen.
   Schreibe die geordneten Sätze in dein Heft.

3) Ergänze die Sätze mithilfe des Textes.

Carolines Schwimmkurs ist am _Donnerstag_.

Simon hat am _Freitag_ keine Hausaufgaben auf.

Kinderturnen findet am _Montag_ statt.

Der Kochkurs in der Schule ist am _Mittwoch_.

4) Schreibe die Wochentage auf, an denen Caroline und Simon etwas gemeinsam tun.

  Dienstag, Sonntag, Mittwoch, Montag   (Reihenfolge ist egal)

Jenny ist neu

Ordnen von Aussagen

1) Alles ist durcheinander. Lies aufmerksam.

(Jenny ist neu) – Die Klasse 2b – Mats
(3) Die neue Lehrerin heißt Frau Müller.
(1) Heute ist der Tag, vor dem Jenny sich fürchtet,
(6) Plötzlich ruft ein Junge: „Hallo Jenny."
(8) den hat Jenny schon auf dem Spielplatz kennengelernt.
(2) denn Mama bringt Jenny in die neue Schule.
(4) und nimmt Jenny mit in die 2b.
(5) Nun steht Jenny vor der fremden Klasse.
(7) Es ist Mats,

2) In welcher Reihenfolge entsteht eine kleine Geschichte? Trage die Zahlen ein.

3) Schreibe die geordneten Sätze in dein Heft.

4) Kreise die Überschrift ein, die deiner Ansicht nach am besten passt. Begründe.

  Es geht um Jenny, die in eine neue Klasse kommt,
  der Text erzählt vom Ablauf und Gefühlen dazu.

5) Prüfe am Text und entscheide.

	😊	☹	❓
Jenny geht in die 2. Klasse.	x		
Mats ist 8 Jahre alt.			x
Mama bringt Jenny zur Schule.	x		
Jenny kennt noch kein Kind aus der neuen Klasse.		x	
Die neue Lehrerin heißt Frau Müller.	x		

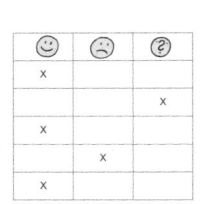

84

Lösungen

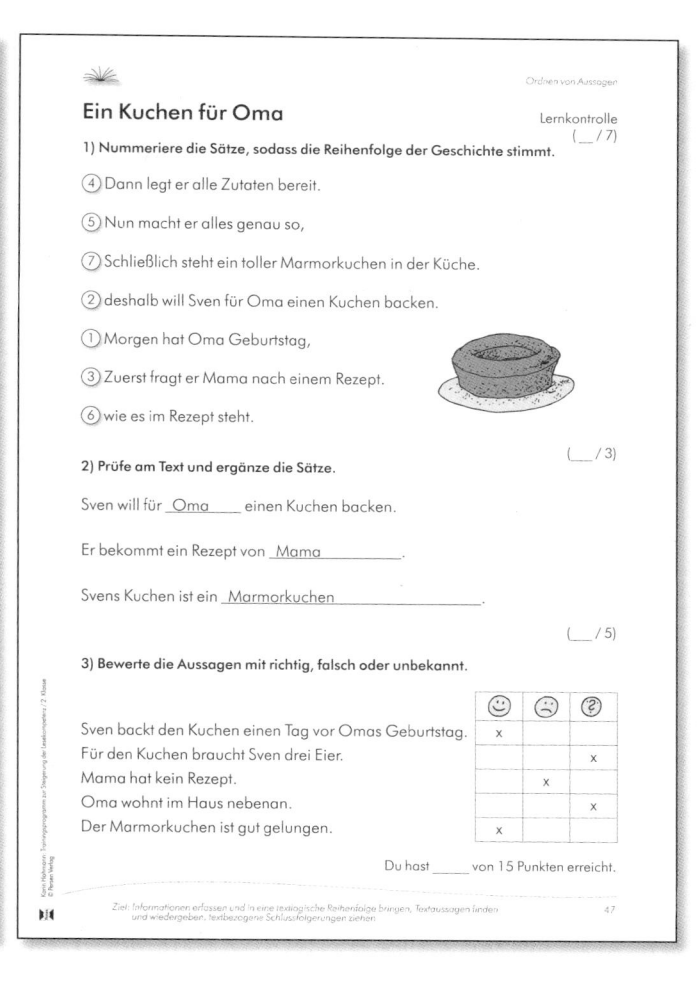

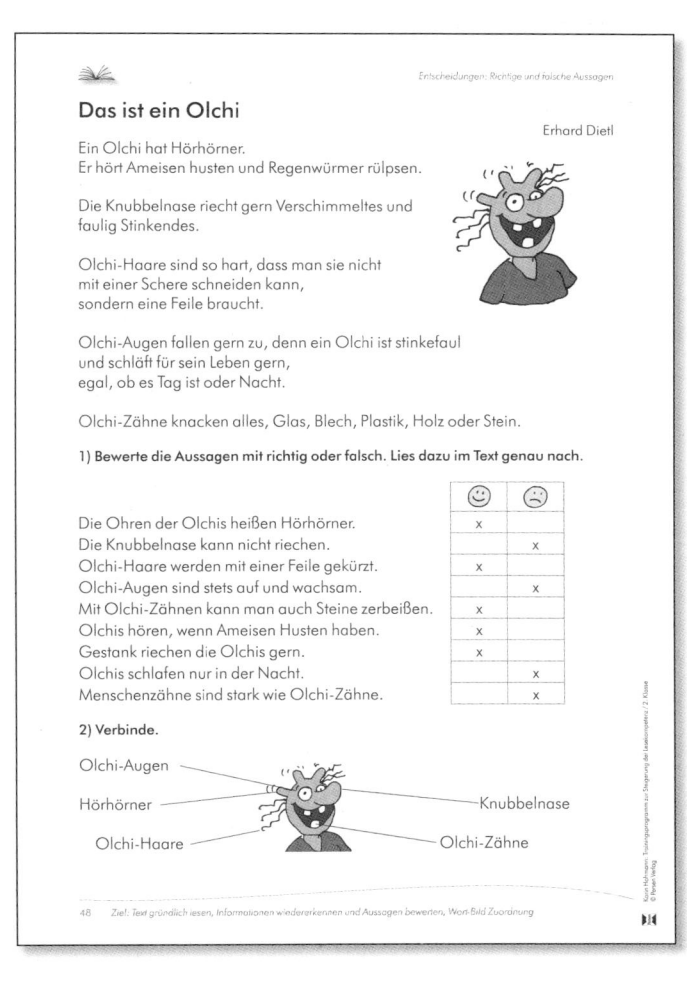

Punktspiel

3-Tage-Training

Ordnen von Aussagen

Lies die Sätze, nummeriere sie und
schreibe sie in der richtigen Reihenfolge ins Heft.

Punktspiel

⑤ Nun ist es 14 Uhr und
③ Dann ist er zum Fußballplatz gefahren.
① Heute hat Leon ein Fußballpunktspiel.
④ Als nächstes hat er seine Sportkleidung angezogen.
② Zuerst hat Leon seine Sportasche gepackt.
⑥ der Schiedsrichter pfeift das Spiel an.

Klettertour

② denn heute fährt sie mit ihrer Freundin in den Hochseilgarten.
③ Mama und Papa sind auch dabei,
① Julia freut sich auf den Nachmittag,
④ weil Kinder noch nicht ohne
⑥ Endlich geht es gut gesichert los.
⑤ ihre Eltern klettern dürfen.

Die gute Tat

③ er hat kein Geld.
⑥ Das freut Elias sehr.
① Auf dem Jahrmarkt gehen Anton und Adrian zur Achterbahn.
④ Da sagt Adrian:
② Dort steht Elias traurig an der Kasse, denn
⑤ „Ich lade dich zu einer Fahrt ein."

Ein Kuchen für Oma

Ordnen von Aussagen

Lernkontrolle
(__ / 7)

1) Nummeriere die Sätze, sodass die Reihenfolge der Geschichte stimmt.

④ Dann legt er alle Zutaten bereit.
⑤ Nun macht er alles genau so,
⑦ Schließlich steht ein toller Marmorkuchen in der Küche.
② deshalb will Sven für Oma einen Kuchen backen.
① Morgen hat Oma Geburtstag,
③ Zuerst fragt er Mama nach einem Rezept.
⑥ wie es im Rezept steht.

(__ / 3)

2) Prüfe am Text und ergänze die Sätze.

Sven will für _Oma_ einen Kuchen backen.

Er bekommt ein Rezept von _Mama_.

Svens Kuchen ist ein _Marmorkuchen_.

(__ / 5)

3) Bewerte die Aussagen mit richtig, falsch oder unbekannt.

	☺	☹	?
Sven backt den Kuchen einen Tag vor Omas Geburtstag.	x		
Für den Kuchen braucht Sven drei Eier.			x
Mama hat kein Rezept.		x	
Oma wohnt im Haus nebenan.			x
Der Marmorkuchen ist gut gelungen.	x		

Du hast ____ von 15 Punkten erreicht.

Das ist ein Olchi

Entscheidungen: Richtige und falsche Aussagen

Erhard Dietl

Ein Olchi hat Hörhörner.
Er hört Ameisen husten und Regenwürmer rülpsen.

Die Knubbelnase riecht gern Verschimmeltes und
faulig Stinkendes.

Olchi-Haare sind so hart, dass man sie nicht
mit einer Schere schneiden kann,
sondern eine Feile braucht.

Olchi-Augen fallen gern zu, denn ein Olchi ist stinkefaul
und schläft für sein Leben gern,
egal, ob es Tag ist oder Nacht.

Olchi-Zähne knacken alles, Glas, Blech, Plastik, Holz oder Stein.

1) Bewerte die Aussagen mit richtig oder falsch. Lies dazu im Text genau nach.

	☺	☹
Die Ohren der Olchis heißen Hörhörner.	x	
Die Knubbelnase kann nicht riechen.		x
Olchi-Haare werden mit einer Feile gekürzt.	x	
Olchi-Augen sind stets auf und wachsam.		x
Mit Olchi-Zähnen kann man Steine zerbeißen.	x	
Olchis hören, wenn Ameisen Husten haben.	x	
Gestank riechen die Olchis gern.	x	
Olchis schlafen nur in der Nacht.		x
Menschenzähne sind stark wie Olchi-Zähne.		x

2) Verbinde.

Olchi-Augen
Hörhörner —— Knubbelnase
Olchi-Haare —— Olchi-Zähne

Ein verteufelt muffliger Morgen

Entscheidungen: Richtige und falsche Aussagen

Erhard Dietl

Die Höhle der Olchis liegt genau
zwischen der Müllgrube und der Autobahn.
Wenn der Wind von Osten weht,
riecht es nach verfaulten Eiern,
ranzigem Fisch und ähnlichen wundervollen Dingen.
Dann freuen sich die Olchis,
denn sie mögen diesen feinfauligen Duft ganz besonders gern.

Heute ist es jedoch völlig windstill.
Die ganze Olchi-Familie hockt muffelig in der Höhle herum.
Was kann man schon anstellen an so einem versonnten Miestag?

1) Bewerte die Aussagen mit richtig oder falsch. Lies dazu im Text genau nach.

	☺	☹
Die Olchis leben in einem Hochhaus.		x
Die Olchis wohnen zwischen Autobahn und Müllgrube.	x	
Die Olchis lieben den Gestank, der mit dem Ostwind kommt.	x	
Die Olchis hassen es, wenn es stinkt.		x
Windstille Tage sind keine schönen Tage.	x	
Muffelig bedeutet schlecht gelaunt.	x	
Nur die Eltern sind muffelig.		x
Ein sonniger Tag ist für Olchis ein mieser Tag.	x	

2) Wettergesichter der Olchis. Kreise ein: blau 🌧 gelb ☀

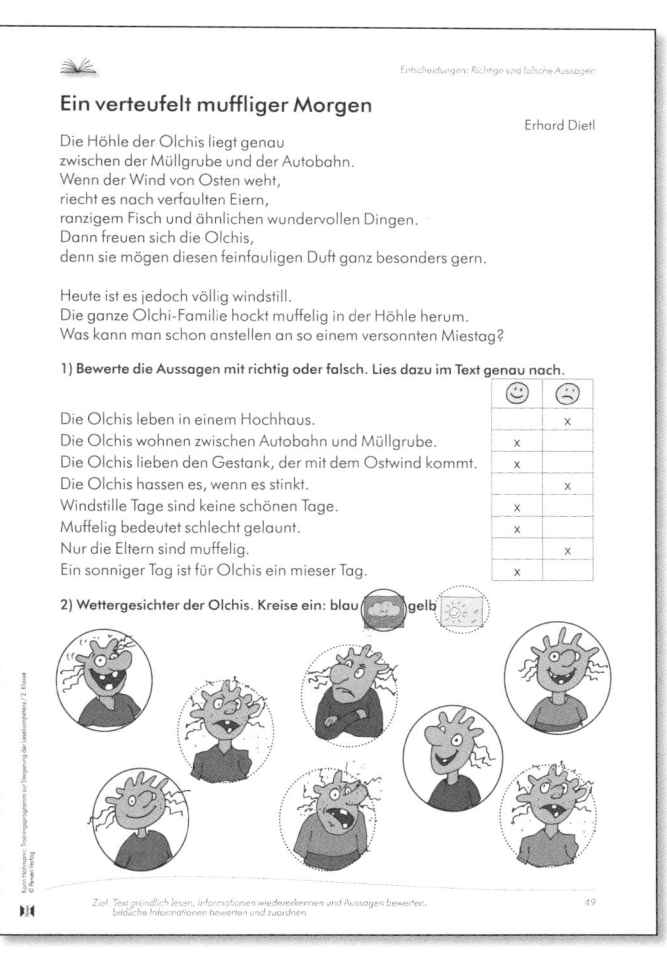

Lösungen

Frieder hat einen kleinen Garten
Kirsten Boie

Hinter den Sträuchern ist ein kleiner Rasen.
Darauf hat Frieder aus Kaninchendraht
ein Viereck abgesteckt.
Und darin krabbeln sie.
Sechs Stück. Sechs wunderbare, schwarze
und weiße und braune Meerschweinchen…
„In Null-Komma-nix hat sie die gekriegt.
Und gleich mit Fell und ganz fertig und alles.
Nicht so hässlich nackt wie Babymäuse.
Mäuse hab ich auch", sagt Frieder.

1) Bewerte die Aussagen mit richtig oder falsch. Lies dazu im Text genau nach.

	☺	☹
Frieder hat Meerschweinchen und Mäuse.	x	
Im Garten sind Kaninchen.		x
Die Meerschweinchen sind nur schwarz und weiß.		x
Frieders Meerschweinchen sind rot.		x
Meerschweinchenbabys haben gleich ein Fell.	x	
Frieder meint, dass Mäusebabys hässlich sind.	x	
Frieder krabbelt auf dem Rasen.		x

2) Streiche falsche Wörter, sodass die Sätze zum Text passen.

Die Meerschweinchen ~~Mäuse~~ gefallen Frieder.

Im Gehege ~~Sträucher~~ sind Meerschweinchenbabys.

Die Meerschweinchen sind ~~zweifarbig~~ dreifarbig.

Die Meerschweinchen sehen gut ~~hässlich~~ aus.

King-Kong
Kirsten Boie

In der nächsten Zeit geht Jan-Arne jeden Tag zum Garten.
Manchmal ist Frieder da und manchmal nicht.
Vorher weiß man das nie.
Aber wenn er da ist,
darf Jan-Arne jedes Mal mit King-Kong spielen.
King-Kong soll sein Meerschweinchen heißen,
das findet Jan-Arne gut.
Weil es nämlich einmal groß und stark und wild sein soll.
Und gefährliche Kinder kratzen und beißen,
wenn Jan-Arne das will.
Michi zum Beispiel.

1) Bewerte die Aussagen mit richtig oder falsch. Lies dazu im Text genau nach.

	☺	☹
Jan-Arne geht jeden Tag zum Garten.	x	
Jan-Arne trifft Frieder jeden Tag im Garten.		x
Ein Meerschweinchen soll King-Kong heißen.	x	
Jan-Arne kann es nur streicheln, wenn Frieder da ist.		x
King-Kong soll das Meerschweinchen von Jan-Arne werden.	x	
Michi ist ein netter Junge.		x
Jan-Arne will King-Kong etwas beibringen.	x	
King-Kong soll alle Kinder kratzen und beißen.		x

2) Streiche falsche Wörter, sodass die Sätze zum Text passen.

Der Name King-Kong steht für groß und stark ~~schwach~~ und wild.

Jan-Arne ist gern ~~ungern~~ in Frieders Garten.

Jan-Arne kommt in den ~~Käfig~~ Garten, um King-Kong zu streicheln.

Jan-Arne kennt gefährliche ~~Tiere~~ Kinder.

Lotta zieht aus
4-Tage-Training
Lese-Seite

Nun war es aber Zeit, dass Mama einkaufen ging.
Darum kam sie ins Kinderzimmer und sagte:
„Mach schnell und sei wieder artig, Lotta,
und zieh den Pullover an.
Dann darfst du mitkommen zum Einholen."
Einholen, das war das Schönste, was es für Lotta gab.
Aber der Pullover, den sie anziehen sollte,
lag im Papierkorb und war zerschnitten.

Und da hob Lotta von neuem ein Geschrei an,
das bis zu Tante Berg zu hören war.
„Was in aller Welt ist mit dir los?", fragte Mama.
„Hast du die Absicht den ganzen Tag
solchen Krach zu machen?
Ja, dann muss ich wohl allein einholen gehen."
Und dann ging Mama. Lotta saß auf dem Fußboden
und schrie, solange sie konnte.

Dann wurde sie still und begann zu überlegen.
„Es würde noch so kommen", sagte sich Lotta,
„dass sie ihr ganzes Leben lang
im Kinderzimmer sitzen musste,
bloß wegen dieses Pullovers."
Lotta beschloss, sofort auszuziehen.
Darum nahm sie jetzt Papier und Bleistift und
schrieb einen Zettel an Mama.

> Ich bin weggezogen, guckt in den Papierkorb.

„Dann weiß Mama gleich,
weshalb ich weggezogen bin", sagte Lotta.
Wohin soll Lotta ziehen?
Man kann wohl ausziehen;
aber man muss wissen, wohin man ziehen will.
Das wusste Lotta nicht.
„Ich kann Tante Berg fragen,
ob ich bei ihr wohnen darf", sagte Lotta.

Astrid Lindgren

Lotta zieht aus
4-Tage-Training
Arbeitsseite

Kreuze die richtigen Aussagen an und schreibe sie ins Heft.

	☺	☹
Mama kommt ins Kinderzimmer.	x	
Lotta will ihren Pullover nicht anziehen.	x	
Mama kommt vom Einkaufen.		x
Lotta geht nicht gern mit Mama etwas einkaufen.		x
Einholen und einkaufen bedeuten das gleiche.	x	
Lotta hat ihren Pullover zerschnitten.	x	
Der Papierkorb ist leer.		x

	☺	☹
Lotta war lieb und leise.		x
Mama weiß, was mit Lotta los ist.		x
Lotta kann nicht mit, wenn sie Geschrei macht.	x	
Mama verlässt Lottas Kinderzimmer.	x	
Lotta saß auf dem Bett.		x
Lotta schrie bis sie nicht mehr konnte.	x	

	☺	☹
Lotta überlegte, wie es weitergehen soll.	x	
Der ganze Ärger hing mit einem Pullover zusammen.	x	
Lotta wollte nicht mehr zu Hause wohnen.	x	
Sie wollte keine Nachricht hinterlassen.		x
Lotta konnte einen Zettel finden.		x
Lotta hatte nur einen Buntstift.		x

	☺	☹
Lotta schreibt einen Zettel.	x	
Im Papierkorb liegt immer noch der zerschnittene Pullover.		x
Lotta weiß sofort, wo sie nun wohnen soll.		x
Sie will bei einer Tante wohnen.	x	
Lotta muss auf einen Berg gehen.		x
Die Frau heißt Tante Berg.	x	

Lösungen

Entscheidungen: Richtige und falsche Aussagen

Jan-Arne hat ein Geheimnis
Lernkontrolle

Es ist ein Glück, dass Mama dienstags immer ihren Strickkreis hat.
Sonst hätte sie King-Kong (das Meerschweinchen) vielleicht entdeckt,
als Jan-Arne ihn im Schuhkarton nach Hause gebracht hat.
Aber jetzt ist sie weg, und Jan-Arne kann
den ganzen Nachmittag mit King-Kong im Kinderzimmer spielen…
King-Kong fiept ein bisschen und verschwindet unterm Bett.

Kirsten Boie

**1) Bewerte die Aussagen mit richtig oder falsch.
Lies dazu im Text genau nach.** (__/8)

	☺	☹
Jeden Dienstag geht Mama zum Stricken.	x	
Mama soll King-Kong nicht entdecken.	x	
King-Kong sitzt in einem Karton für Schulsachen.		x
Jan-Arne bringt King-Kong aus dem Kinderzimmer weg.		x
Jan-Arne will den ganzen Tag mit King-Kong spielen.	x	
King-Kong macht Geräusche, Jan-Arne sagt fiepen dazu.	x	
Jan-Arne legt sich ins Bett.		x
King-Kong verkriecht sich unter dem Bett.	x	

2) Streiche falsche Wörter, sodass die Sätze zum Text passen. (__/7)

Jan-Arne hat Mama ~~viel~~ nichts von King-Kong ~~geschrieben~~ erzählt.

Er bringt das Meerschweinchen ins Kinderzimmer ~~Wohnzimmer~~.

Jan-Arne ist ~~traurig~~ froh, weil Mama nicht da ist.

Jan-Arne hat King-Kong sehr ~~nicht~~ lieb.

King-Kong ~~springt~~ kriecht ~~auf~~ unter das Bett.

Du hast ___ von 15 Punkten erreicht.

Tabellen: Informationen erkennen und eintragen

Drei Familien

Lies genau und fülle die Tabelle aus.

Sina Müller hat noch zwei Brüder.
Tom Wagner hat keine Geschwister.
Familie Schulz fliegt mit zwei Jungen und zwei Mädchen nach Italien.
Tom freut sich auf die Reise nach Norwegen, denn er ist noch nie mit einer Fähre gefahren.
Familie Müller reist wie jedes Jahr mit dem Auto nach Dänemark.

	Familie Müller	Familie Wagner	Familie Schulz
Zahl der Kinder	3	1	4
Urlaubsziel	Dänemark	Norwegen	Italien
Reise mit	Auto	Fähre	Flugzeug

Das ist Familie _Schulz_,
sie macht Urlaub in _Italien_
dorthin reist sie mit _dem Flugzeug_

Das ist Familie _Müller_,
sie macht Urlaub in _Dänemark_
dorthin reist sie mit _dem Auto_

Das ist Familie _Wagner_,
sie macht Urlaub in _Norwegen_
dorthin reist sie mit _der Fähre_

Tabellen: Informationen erkennen und eintragen

Kinder mögen Tiere

Lies genau und ordne zu.

Tina ist sechs Jahre alt.
Neben Tina steht Linus.
Er trägt eine Badehose.
Lukas hat eine lange Hose und Turnschuhe an.
Mara trägt eine Bluse und Sandalen.
Sie ist vier Jahre älter als Tina und Lukas.
Linus ist zwei Jahre jünger als Tina.
Das Haustier von Tina kann bellen.
Das Haustier von Linus kann fliegen.
Das Haustier von Lukas frisst Möhren.
Welches Haustier gehört zu Mara? Mara hat _eine Katze_.

Name	Lukas	Mara	Tina	Linus
Alter	6	10	6	8
Haustier	Hase	Katze	Hund	Papagei

Tabellen: Informationen erkennen und eintragen

Eis essen

1) Trage die Eissorten und die Kindernamen in die Tabelle ein.

Eissorten / Kinder	Erdbeer	Zitrone	Schokolade	Joghurt	Haselnuss
Susi			2		1
Tommi				3	
Cony		1	1	1	1
Andy	1	1			
Rosi		1			

2) Lies genau und schreibe die Anzahl der Eiskugeln auf.

Susi nimmt immer zwei Kugeln Schoko und eine Kugel Nuss.
Cony nimmt von jeder Sorte - außer Erdbeere - eine Kugel.
Andy mag nur Früchte-Eis. Er nimmt eine Kugel jeder Sorte.
Tommi bestellt drei Kugeln Joghurt-Eis im Becher.
Rosi hat am meisten Geld, doch sie nimmt nur eine Kugel Zitrone.

3) Wer bekommt das Eis? Schreibe den Namen unter das Bild.

Cony   Rosi   Susi   Tommi   Andy

Lösungen

Ein Fahrzeug für jeden

Lies genau, ordne zu und male an.

Ronja   Janina   Fabian   Luca

Name des Kindes	Luca	Fabian	Ronja	Janina
Alter des Kindes	8	2	7	7
Farbe	rot	blau	gelb	grün
Preis	100 €	49 €	90 € (80 €)	80 € (70 €)

Luca, Fabian, Ronja und Janina wünschen sich neue Fahrzeuge.
Janina ist sieben Jahre alt, genau wie Ronja, Luca ist ein Jahr älter.

Luca möchte ein Fahrzeug mit vier Rädern.
Fabian ist erst zwei Jahre alt. Was könnte für ihn passen?
Ronja möchte auf jeden Fall einen Korb am Rad haben.

Janina wünscht sich ein grünes Rad.
Luca möchte ein rotes Fahrzeug.
Ronja gefällt Gelb am besten und Fabian mag Blau.

Ein Go-Cart ist am teuersten, ein Dreirad am billigsten.
Kinderräder mit Korb sind 10 € teurer als Räder ohne Korb.

zwei Lösungen möglich

49 €   80 €   100 €   90 €   oder 70 €

Blumen — Lese-Seite

Im Blumenladen werden Blumenvasen dekoriert.
In die Vase in der Mitte kommen insgesamt acht Tulpen, drei rote und fünf gelbe Tulpen.
In die Blumenvasen rechts und links daneben steckt die Gärtnerin jeweils drei gelbe Sonnenblumen.
In die erste Vase steckt sie eine lange rote Rose.
In die letzte Vase steckt sie einen Zweig mit zehn kleinen lila Blüten.

Kreuze alle Angaben aus dem Text in der Tabelle an.

Kinder

Elmar, Tom und Anton tragen eine Brille.
Außer Anton haben alle Jungen eine Mütze auf.
Draußen ist es kalt, deshalb kommt kein Kind ohne Jacke.
Nur Rolf hat einen Gürtel in der Hose.
Tom und Anton haben Halsschmerzen, sie tragen einen Schal.
Elmar trägt Turnschuhe, alle andere haben Stiefel an.

Das Kind auf dem Bild heißt _Elmar_.

Stundenplan

So sieht der Stundenplan von Stine aus:

An den Tagen mit **M** hat Stine in folgender Reihenfolge Unterricht: Mathematik, Deutsch, Musik und Kunst. An den Tagen mit **D** ist die Reihenfolge anders: Mathematik, Sachkunde, Deutsch. Dienstags ist in der letzten Stunde Sport und donnerstags ist in der letzten Stunde Religion. Der Freitag beginnt mit Deutsch und endet mit Religion. Auf Deutsch folgt Sport und welche Stunde liegt vor Religion?

Das ist _Mathematik_.

Blumen — Arbeits-Seite

Lies genau und ergänze die Blumenvasen.

Kinder

Lies genau und fülle die Tabelle aus.

	Mütze	Jacke	Stiefel	Gürtel	Schal	Brille
Elmar	x	x				x
Rolf	x	x	x	x		
Tom	x	x	x		x	x
Anton		x	x		x	x

Stundenplan

Lies genau und fülle den Stundenplan aus.

Std.	Montag	Dienstag	Mittwoch	Donnerstag	Freitag
1.	Mathe	Mathe	Mathe	Mathe	Deutsch
2.	Deutsch	Sachkunde	Deutsch	Sachkunde	Sport
3.	Musik	Deutsch	Musik	Deutsch	Mathe
4.	Kunst	Sport	Kunst	Religion	Religion

Std: Deutsch 5, Mathematik 5, Sport 2, Sachkunde 2, Musik 2, Kunst 2, Religion 2

Schulfest — Lernkontrolle

Lies die Informationen genau und fülle die Tabelle.

Schulfest „Am Stadtwald"

Die Grundschule „Am Stadtwald" feiert ein Schulfest.
Alle Klassen haben viel vor:
Die ersten, zweiten und vierten Klassen veranstalten den Flohmarkt.
Die dritten Klassen organisieren den Kuchenverkauf
und planen eine Vorführung.
Alle Klassen bauen Spielbuden auf.
Die vierten Klassen führen auch etwas vor.

	Flohmarkt	Kuchenverkauf	Spielbuden	Vorführung
1a	x		x	
1b	x		x	
2a	x		x	
2b	x		x	
3a		x	x	x
3b		x	x	x
4a	x		x	x
4b	x		x	x

Hier helfen alle Klassen: _Spielbuden_

Diese Aufgabe haben nur zwei Klassen: _Kuchenverkauf_

Die meisten Aufgaben haben die Klassen: _3a, 3b, 4a, 4b_

Folgende Klassen führen nichts vor: _1a, 1b, 2a, 2b_

Du erreichst _____ von 16 Punkten.

Lösungen

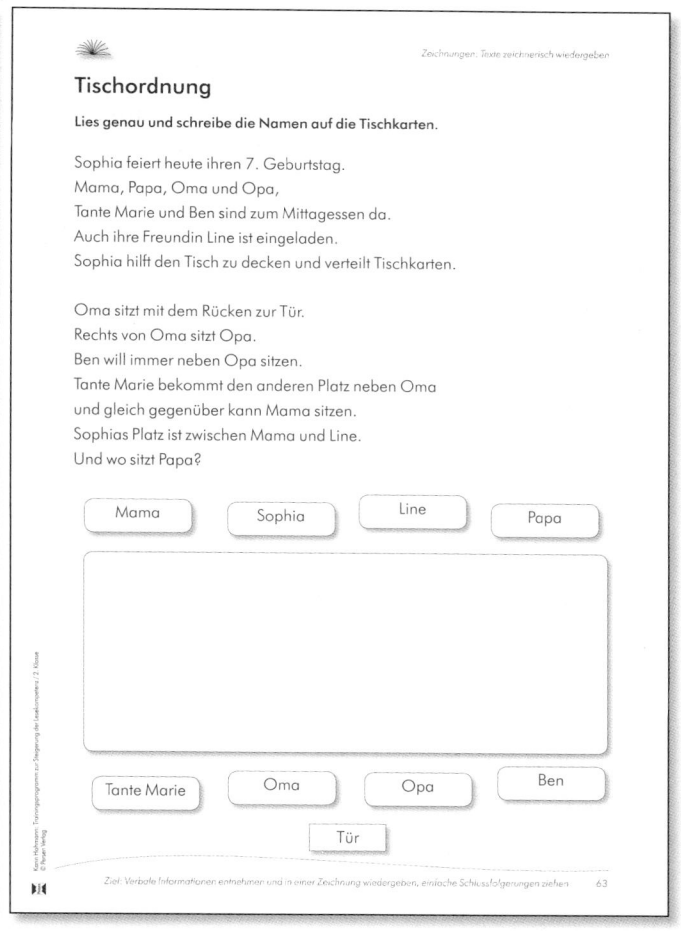

Urlaubspost

Lies genau und ergänze die fehlenden Informationen.
Jonathan schreibt eine Urlaubskarte an seine Großeltern:

Liebe Oma, lieber Opa,

unser Ferienhaus ist toll,
denn es hat einen kleinen Garten.
Wenn ich aus der Haustür gucke,
sehe ich rechts die Schaukel und
links das Fußballtor.
Hinter dem Tor steht noch
ein Apfelbaum mit genau zehn Äpfeln.
Am Gartenzaun ist das Schild mit der Hausnummer 25.

Liebe Grüße
Jonathan

Jonathan hat die Karte selbst gemalt. Ergänze, was noch fehlt.

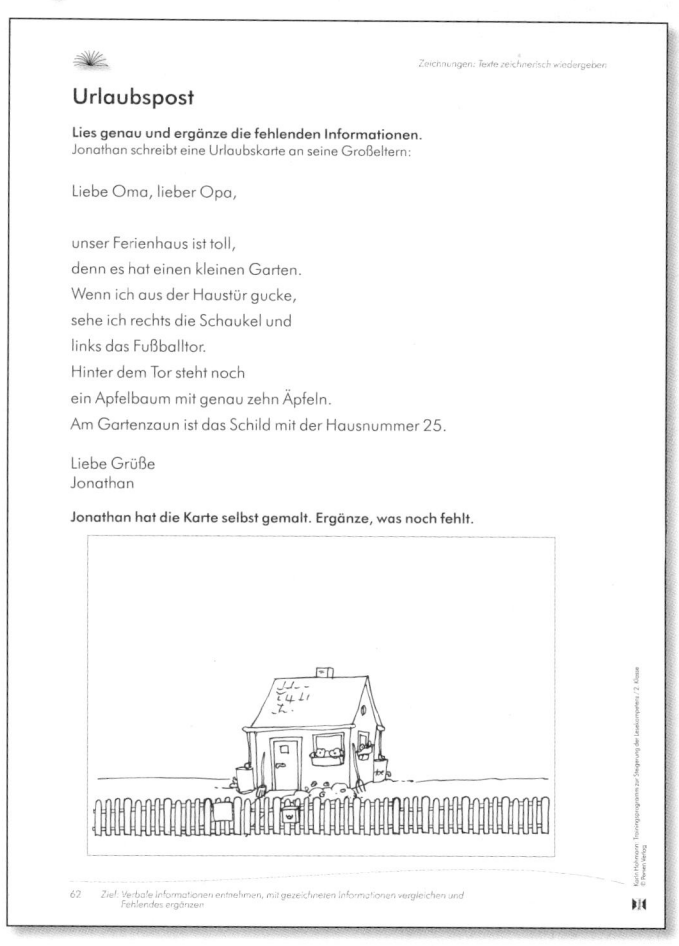

Tischordnung

Lies genau und schreibe die Namen auf die Tischkarten.

Sophia feiert heute ihren 7. Geburtstag.
Mama, Papa, Oma und Opa,
Tante Marie und Ben sind zum Mittagessen da.
Auch ihre Freundin Line ist eingeladen.
Sophia hilft den Tisch zu decken und verteilt Tischkarten.

Oma sitzt mit dem Rücken zur Tür.
Rechts von Oma sitzt Opa.
Ben will immer neben Opa sitzen.
Tante Marie bekommt den anderen Platz neben Oma
und gleich gegenüber kann Mama sitzen.
Sophias Platz ist zwischen Mama und Line.
Und wo sitzt Papa?

| Mama | Sophia | Line | Papa |

| Tante Marie | Oma | Opa | Ben |

Tür

Gartenarbeit

Lies genau und schreibe auf, was wo wächst.

Oma und Opa haben einen kleinen Garten.
Am Wochenende dürfen Paula und Sören helfen.

Wenn man auf der Terrasse steht, sieht man den ganzen Garten.
Opa unterteilt ihn in neun gleich große Flächen.
Hinten links sollen Kartoffeln wachsen, daneben kommt Kohlrabi.
Hinten rechts pflanzt Oma Salat.
Vor die Kartoffeln sät Opa Möhren, daneben steckt er Zwiebeln und
neben die Zwiebeln kommt ein Kräuterbeet.
In der vordersten Reihe möchte Oma nur Erdbeeren pflanzen.

Kartoffeln	Kohlrabi	Salat
Möhren	Zwiebeln	Kräuterbeet
Erdbeeren	Erdbeeren	Erdbeeren

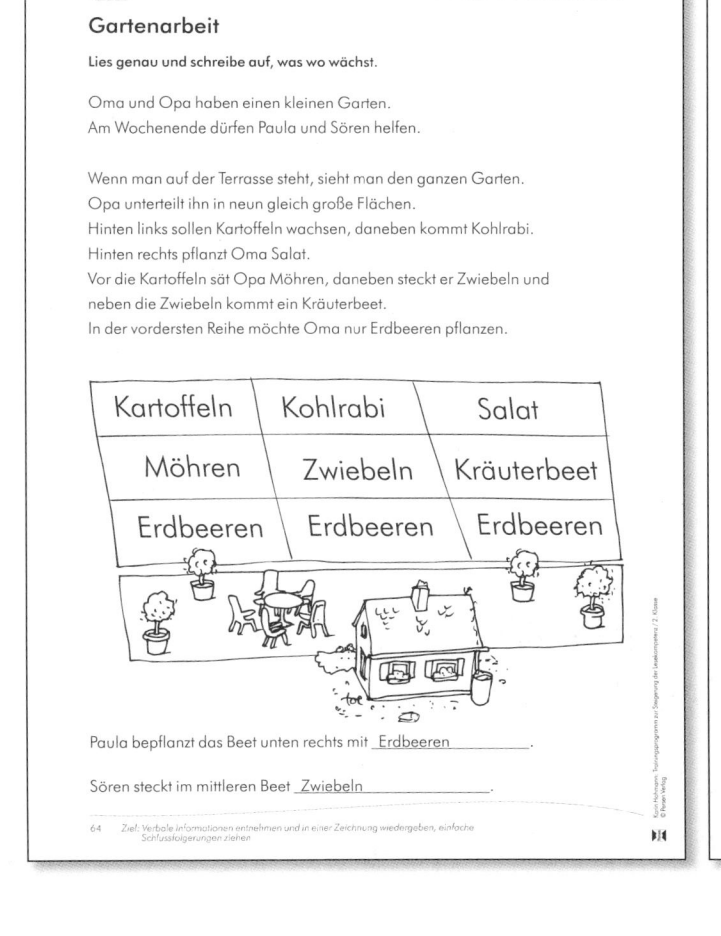

Paula bepflanzt das Beet unten rechts mit _Erdbeeren_.

Sören steckt im mittleren Beet _Zwiebeln_.

Sitzordnung

3-Tage-Training — Leseseite

Lies das Gespräch und schreibe auf, wo die Kinder am Gruppentisch sitzen.

„Ich möchte mit Sandra an einem Tisch sitzen", sagt Luisa.
„Tom und ich sitzen auch an einem Tisch und ich nehme den Platz links von Sandra.", erklärt Fabian.
„Dann setze ich mich gegenüber von Tom", meint Leon.
„Und wo sitze ich?", fragt Tina.

Lies den Text und schreibe auf, wer wo am Tisch sitzt.

Urlaubsessen

Familie Kaiser geht im Urlaub in ein Restaurant, alle wählen aus der Speisekarte:

Vater: Ich möchte ein halbes Hähnchen und ein großes Bier.

Mutter: Ich bestelle einen großen Salat-Teller und das gleiche
         Getränk wie mein Mann.

Julian: Ich möchte Pommes mit Würstchen und eine Cola.

Maja: Ich trinke eine Cola mit Trinkhalm und esse nur Pommes.

Lies den Text und schreibe die Sitzverteilung im Auto auf.

Bitte einsteigen

Sonja hat Geburtstag und lädt ihre Gäste ins Schwimmbad ein. Im großen Auto haben alle sechs Kinder Platz.
„Ich sitze vorne, weil ich die größte bin", ruft Marlis.
„Ich sitze hinter Papa", beschließt Sonja.
„Dann will ich neben Sonja sitzen und Nico soll neben mir sitzen", meint Chris.
„Dann gehen Lasse und ich in die letzte Reihe", sagt Melina.
Lasse nimmt sofort auf der Fahrerseite Platz.

Wer lenkt das Auto? _Papa_

Lösungen

Sitzordnung — Arbeitsseite

Wer sitzt wo?
Trage die Namen der Kinder ein.

(Tisch: Sandra, Fabian, Tom / Luisa, Tina, Leon)

Urlaubsessen
Wer sitzt wo? So sieht der gedeckte Tisch aus.
An welchen Platz sitzen Vater, Mutter, Julian und Maja?

Julian — Maja
Vater — Mutter

Bitte einsteigen
Wer sitzt wo? Mit diesem Auto fahren Sonja und ihre Gäste ins Schwimmbad:

Lasse — Sonja — Papa
Melina — Chris — Nico — Marlis

Aufräumen — Lernkontrolle

1) Lies den Text.

Anne und Karsten räumen das Regal im Kinderzimmer auf:

Karsten: Unten links stelle ich die <u>Kiste mit den Bausteinen</u> hin.
Anne: Daneben stelle ich die <u>Verkleidungskiste</u>.
Karsten: Ganz oben rechts können alle <u>Würfelspiele</u> stehen.
Anne: Und darunter kommt eine ganze Reihe nur mit <u>Büchern</u>.
Karsten: Neben die Würfelspiele setzen wir die <u>Puppe</u>.
Anne: Dann kann das <u>Polizeiauto</u> in die freie Ecke.

2) Unterstreiche im Text, welche Gegenstände in das Regal geräumt werden. (__/6)

3) Trage ein, was wo im aufgeräumten Regal steht. (__/6)

Polizeiauto	Puppe	Würfelspiele
Bücher			
Kiste mit den Bausteinen		Verkleidungskiste

4) Schreibe auf. Das räumt Karsten ein: (__/3)

Kiste mit den Bausteinen, Würfelspiele, Puppe

5) Schreibe auf. Das räumt Anne ein: (__/3)

Verkleidungskiste, Bücher, Polizeiauto

Du erreichst ____ von 18 Punkten.

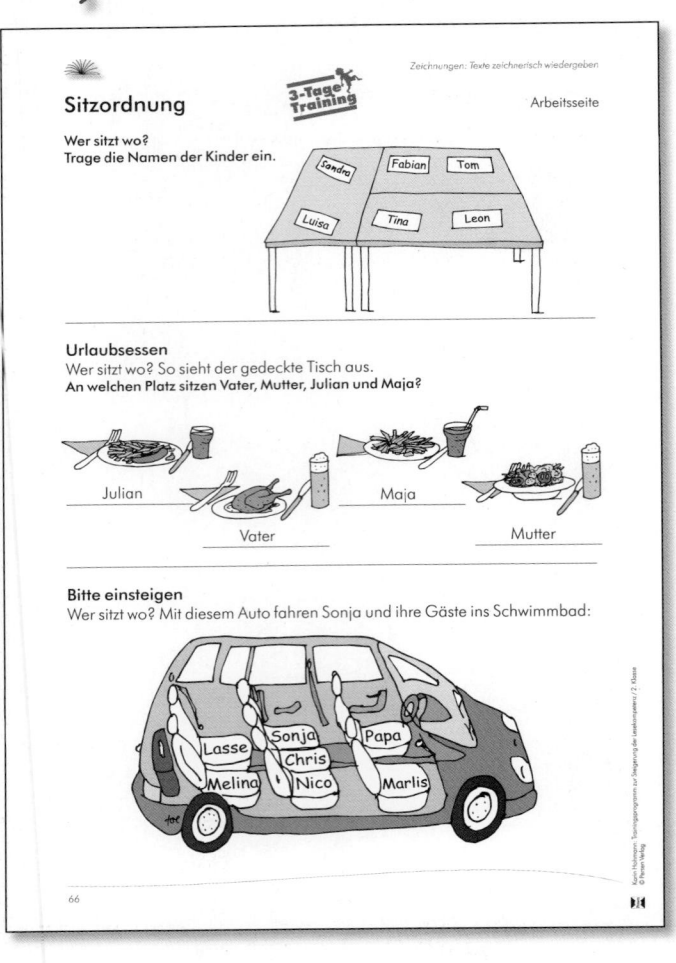

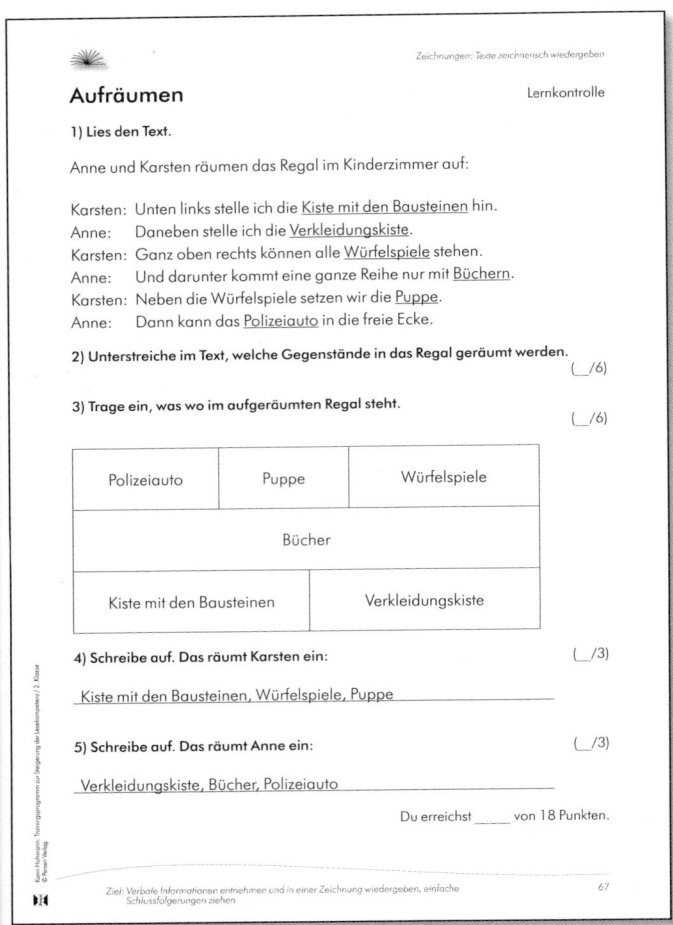

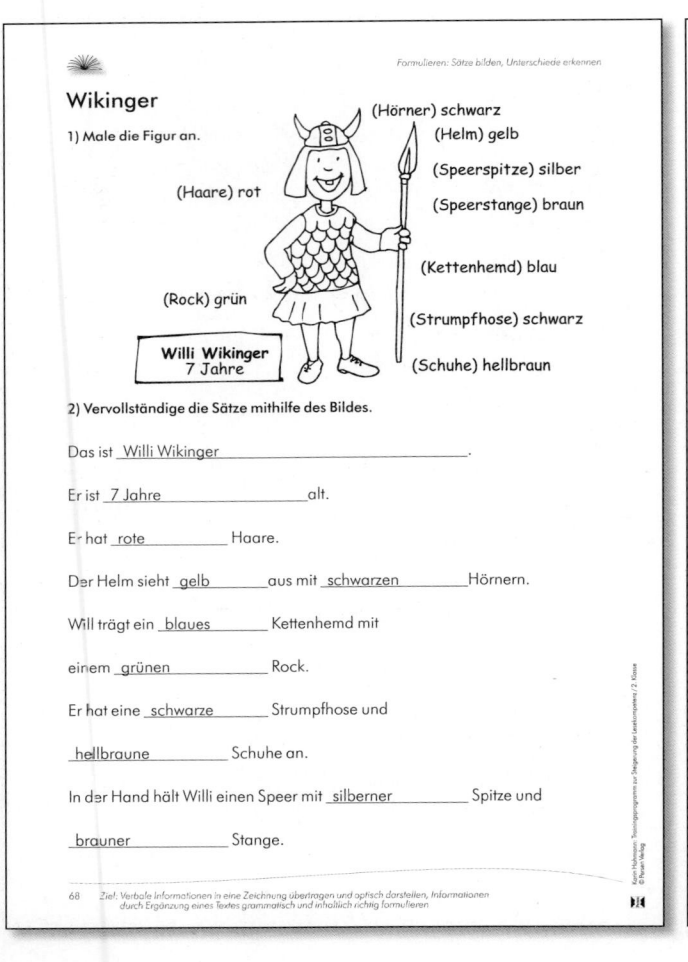

Wikinger

1) Male die Figur an.

(Haare) rot
(Hörner) schwarz
(Helm) gelb
(Speerspitze) silber
(Speerstange) braun
(Kettenhemd) blau
(Rock) grün
(Strumpfhose) schwarz
(Schuhe) hellbraun

Willi Wikinger
7 Jahre

2) Vervollständige die Sätze mithilfe des Bildes.

Das ist _Willi Wikinger_.

Er ist _7 Jahre_ alt.

Er hat _rote_ Haare.

Der Helm sieht _gelb_ aus mit _schwarzen_ Hörnern.

Willi trägt ein _blaues_ Kettenhemd mit

einem _grünen_ Rock.

Er hat eine _schwarze_ Strumpfhose und

hellbraune Schuhe an.

In der Hand hält Willi einen Speer mit _silberner_ Spitze und

brauner Stange.

Manuel schreibt Unsinn

Die Kinder der Klasse 2a schreiben auf, was sie gern essen.
Das schreibt Manuel:

Ich liebe <u>reife</u> Würstchen.
Ich mag <u>knuspriges</u> Schokoladeneis.
Ich schwärme für <u>saure</u> Tomaten.
Ich frühstücke immer <u>sahnige</u> Brötchen.
Ich esse gern <u>heiße</u> Äpfel.

1) Unterstreiche alle Wiewörter (Adjektive).
2) Tausche die Adjektive so, dass passende Sätze entstehen. Schreibe sie auf.

Ich liebe heiße Würstchen.

Ich mag sahniges Schokoladeneis.

Ich schwärme für reife Tomaten.

Ich frühstücke immer knuspriges Brötchen.

Ich esse gern saure Äpfel.

3) Streiche falsche Adjektive weg.

Würstchen können kurz, lang, frisch, ~~stark~~, ~~traurig~~ und lecker sein.

Schokoladeneis kann kalt, ~~heiß~~, dunkel, teuer und süß sein.

Tomaten können rot, grün, billig, ~~stark~~, frisch, ~~feige~~ und faulig sein.

Brötchen können groß, knackig, alt, weich, ~~krank~~ und klein sein.

Äpfel können reif, gelb, grün, rot, glatt, ~~treu~~, teuer und saftig sein.

Lösungen

Informationen über Petra

Formulieren: Sätze bilden, Unterschiede erkennen

1) Verbinde Sätze mit ähnlicher Bedeutung.

Petra feiert ihren Geburtstag gern mit Freunden.	Petra spielt Handball und Fußball, doch Handball gefällt ihr besser.
Petra spielt lieber Handball als Fußball.	Petra lädt gern Freunde ein.
Petra war im Urlaub in Italien.	Petras Freunde wohnen ganz in der Nähe.
Petra ist acht Jahre und geht in die 2. Klasse.	Petra kennt Italien von ihrer letzten Reise.
Petra hat viele Freunde in der Nachbarschaft.	Petra wird bald neun Jahre alt und kommt in die 3. Klasse.

2) Vervollständige die Sätze. Die Informationen aus der Tabelle helfen dir.

Petras Lieblingssport ist _Handball_.

Petra feiert ihren Geburtstag mit _Freunden_.

Petra lernte im Urlaub _Italien_ kennen.

Petra wohnt in der Nähe von _ihren Freunden_.

Wenn Petra Geburtstag hat, wird sie _neun Jahre_ alt.

Antonia hat ein Ziel

Formulieren: Sätze bilden, Unterschiede erkennen

1) Lies genau.

Antonia möchte gern Schwimmen lernen,
denn dann darf sie ohne Eltern ins Freibad gehen.
Im Sommer kann sie dort tauchen
und Kopfsprung üben.
So ein Nachmittag im Freibad ist nie langweilig.
Außerdem sind immer viele Kinder im Freibad,
die Antonia aus der Schule kennt.

2) Beantworte die Fragen im ganzen Satz.

Was möchte Antonia lernen?
Sie möchte schwimmen lernen.

Warum möchte Antonia Schwimmen lernen?
Sie möchte ohne Eltern ins Freibad dürfen.

Was macht Antonia im Freibad?
Sie möchte tauchen und Kopfsprung üben.

Woher kennt Antonia die anderen Kinder, die im Freibad sind?
Sie kennt die Kinder aus der Schule.

Welche Nachmittage sind für Antonia nie langweilig?
Nachmittage im Freibad sind nie langweilig.

3) Entscheide: richtig, falsch oder unbekannt.

	☺	☹	?
Antonia macht einen Schwimmkurs.			x
Antonia übt den Kopfsprung.	x		
Antonia ist immer allein im Freibad.		x	
Antonias Eltern gehen auch schwimmen.			x

Zuordnen - antworten – neu formulieren

Formulieren: Sätze bilden, Unterschiede erkennen

3-Tage-Training

Verbinde Sätze mit ähnlicher Bedeutung. Schreibe sie in dein Heft.

Hanna füttert ihren Hund jeden Morgen.	Der Hund muss im Wald angeleint werden.
Simon nimmt den Hund im Wald immer an die Leine.	Der Hund muss regelmäßig gefüttert werden.
Mama fährt mit dem Hund regelmäßig zum Tierarzt.	Ein Hund ist ein Familienmitglied.
Papa hat den Hund gut erzogen.	Der Hund muss von Zeit zu Zeit auch zum Arzt.
Der Hund von Hanna und Simon gehört zur Familie.	Der Hund hat gelernt zu gehorchen.

Schreibe die Antworten in ganzen Sätzen im Heft auf, lies in Aufgabe 1 nach.

Welches Haustier haben Hanna und Simon? *Sie haben einen Hund.*
Wer hat das Tier erzogen? *Papa hat es erzogen.*
Wo wird der Hund angeleint? *Er wird im Wald angeleint.*
Wer bringt das Tier zum Tierarzt? *Mama fährt mit dem Hund zum Tierarzt.*
Welche Aufgabe hat Hanna? *Sie füttert den Hund am Morgen.*

So stimmen die Sätze nicht. Unterstreiche die Nomen, finde für jedes Nomen den passenden Satz und schreibe die richtigen Sätze in dein Heft.

Bald beginnen die langen <u>Baby-Elefanten</u>. *...Sommerferien.*
Dann will ich einen aufregenden <u>Monat</u> erleben. *...Tag.*
Ich plane einen ganztägigen <u>Tag</u>. *...Ausflug.*
Ich möchte den neugeborenen <u>Ausflug</u> besuchen. *...Baby-Elefanten.*
Er wurde in den letzten <u>Sommerferien</u> geboren. *im letzten Monat.*

Projekttage

Formulieren: Sätze bilden, Unterschiede erkennen

Lernkontrolle

Lies zuerst den Text genau.

Jedes Jahr finden Projekttage in der „Grundschule am Park" statt.
Benjamin möchte zum Projekt „Polizeiarbeit".
Da möchten Marita und Leonie auch mitmachen.
Markus interessiert sich für Tiere, deshalb will er das Projekt „Vögel" wählen.
Wie immer gibt es auch Sportprojekte:
Beliebt sind „Laufabzeichen" und „Einrad fahren".

1) Schreibe die Namen der Kinder auf, die im Text genannt werden. (__/4)

Benjamin, Marita, Leonie, Markus

2) Schreibe die genannten Projekte auf. (__/4)

Polizeiarbeit, Vögel, Laufabzeichen,

Einrad fahren

3) Wie oft finden die Projekttage statt? (__/1)

einmal im Schuljahr

4) Welche Schule veranstaltet die Projekttage? (__/1)

Grundschule am Park

5) Bewerte die Aussagen mit richtig, falsch oder unbekannt.

	☺	☹	?
Benjamin möchte zum Projekt „Vögel".		x	
Markus mag keine Tiere.		x	
Die Polizei bietet ein Projekt an.	x		
„Laufabzeichen" wird immer gern gewählt.	x		
„Einrad fahren" wählen nur die Mädchen.			x
Leonie weiß, was sie wählen möchte.	x		

(__/6)

Du erreichst _____ von 16 Punkten.

Aktuelle Titel für einen guten Deutschunterricht!

Heike Manthey, Ellen Müller
Vom Wörterlesen zum Textverstehen
Differenzierte Kopiervorlagen zur Entwicklung von Lesekompetenz

Wenn Kinder einzelne Wörter lesen können, heißt das oft noch nicht, dass sie den Sinn des Gelesenen auch verstehen. Mit diesen Arbeitsblättern führen Sie Ihre Schüler/-innen gezielt zur Sinnerfassung von Texten. Dabei gibt es jedes Arbeitsblatt in zwei Varianten: für Kinder mit größeren Leseschwierigkeiten und für fortgeschrittene Kinder. Vom Lesen und Zuordnen einzelner Wörter zu Bildern über das Verstehen größerer Sinneinheiten in Wortgruppen und Sätzen kommen die Kinder schrittweise zum Erschließen von Texten. Dabei führt das Verstehen des Inhalts oft zu einem Lacher – schließlich soll Lesen ja Spaß machen. Die Kopiervorlagen eignen sich ebenso für das selbstständige Lesetraining während der Wochenplanarbeit und im Stationenlernen wie auch für den Unterricht im Klassenverband.
Verbessern Sie das Leseverständnis – Schritt für Schritt!

Buch, 92 Seiten, DIN A4
1. und 2. Klasse
Best.-Nr. 3881

Birgit Holzer
Sachtexte lesen und verstehen - leicht gemacht

Differenzierte Kopiervorlagen zum Thema Tiere

Diese liebevoll illustrierten Sachtexte dienen dem Lesenlernen und -üben. Darüber hinaus finden Sie hier altersgemäße Informationen zu Flora, Fauna und Umweltschutz. Zu 14 verschiedenen Tieren werden Texte in unterschiedlichen Fassungen angeboten: Zwei Versionen für die Klassen 1/2 und zwei Varianten für die Klassen 3/4. Die Texte eignen sich für alle Jahrgangsstufen der Grundschule und sind auch innerhalb einer Klasse für jeden Leistungsstand ideal einsetzbar. Das Buch folgt dem Prinzip des silbischen Lesens: Die Silben der einzelnen Wörter sind daher so gedruckt, dass sie auch nach dem Kopieren noch deutliche sind.
Spannende Texte rund ums Tierreich – für jeden Leistungsstand ideal einsetzbar!

Buch, 64 Seiten, DIN A4
1. bis 4. Klasse
Best.-Nr. 3000

Marita Borchert, Eva-Maria Moerke
Deutsch jahrgangsübergreifend unterrichten
Themenbezogene Arbeitsblätter in drei Differenzierungsstufen

Wenn Kinder von der ersten bis zur dritten Jahrgangsstufe in einer Klasse unterrichtet werden, brauchen Sie fundiertes Material, damit jedes Kind möglichst viel lernt und niemand auf der Strecke bleibt. Dieses Buch bereitet die Themen „Schule", „Eichhörnchen" sowie „Peter und der Wolf" für den jahrgangsübergreifenden Unterricht auf. Jedes Thema wird auf einer Eingangsseite vorgestellt, darauf folgend Arbeitsblätter in drei Differenzierungsstufen für die Bereiche Lesen/Lesenlernen, Schreiben/Schreibenlernen und mündlicher Sprachgebrauch. Nach dem „Expertenprinzip" sollen die Kinder gemeinsam an einem Thema arbeiten und erfolgreich miteinander kooperieren. Lernstandstests geben Ihnen einen Überblick darüber, was jedes Kind gelernt hat.
**Vom Lernanfänger zum Pfiffikus –
so bringen Sie alle Kinder unter einen Hut!**

Buch, 104 Seiten, DIN A4
1. bis 3. Klasse
Best.-Nr. 3340

Elke Mauritius
Vom Satz zum Aufsatz
Handfeste Tipps zum Texteschreiben

Im **Band 1** beginnen die Kinder mit einfachen Formen des alltäglichen Schreibens, wie z. B. Wünsche aufschreiben, sich bedanken, Nachrichten verfassen, eine Einladung schreiben. Schritt für Schritt kommen sie zum Schreiben von Geschichten (Aufbau, wörtliche Rede, treffende Wörter u. v. m.), von Sachtexten (Gliederung, Kürzen von Texten) und Beschreibungen (Gegenstände, Tätigkeiten, Satzanfänge). Viele Beispiele geben Hinweise zum Textaufbau und machen mit unterschiedlichen Methoden der Textarbeit vertraut. Mit einem Korrekturheft und Textbeispielen lernen die Kinder, eigene und fremde Texte zu überarbeiten.
Der **Band 2** enthält die Abschnitte Texte planen (verschiedene Textsorten, Schreibplan, Bildbeschreibung, Wortmaterial sammeln), Texte schreiben (Beschwerden, Entschuldigung, E-Mail, Zeitungsbericht, Sachtexte) und Texte überarbeiten (Wortfelder nutzen, wörtliche Rede ergänzen, Gefühle ausdrücken, Sachtexte überarbeiten sowie ein Korrekturheft für die Schülerhand.
**Der universelle Werkzeugkasten für Ihre Schüler.
In 2 Differenzierungsstufen!**

Band 1
Buch, 92 Seiten, DIN A4
2. bis 4. Klasse
Best.-Nr. 3656

Band 2
Buch, 88 Seiten, DIN A4
2. bis 4. Klasse
Best.-Nr. 3516

Unser Bestellservice:

Das komplette Verlagsprogramm finden Sie in unserem Online-Shop unter

www.persen.de

Bei Fragen hilft Ihnen unser Kundenservice gerne weiter.

Deutschland: ☏ 0 41 61/7 49 60-40 · Schweiz: ☏ 052/366 53 54 · Österreich: ☏ 0 72 30/2 00 11